警察官のこのこ日記

本日、花金チャンス、
職務質問、
任意でご協力
お願いします

安沼保夫

まえがき――警察官は警察小説を読まない

「〝安沼〟*が誰か、警視庁内部の人には100%特定されるかと思いますが、本当に問題ないですね？」

原稿のやりとりが進む中、編集者からそう確認された。

「はい、覚悟の上です」

私に迷いはなかった。

2003年10月、私は警察学校を卒業し、警視庁調布警察署を皮切りに警察官人生をスタートさせた。その後、約20年にわたり、機動隊や留置係、組対《そたい》（組織犯罪対策課）の刑事などとして勤務してきた。

警察については、小説、ノンフィクション、コミック、テレビドラマや映画までたくさんの作品がある。

「名探偵コナン」や「金田一少年の事件簿」などの漫画に登場する刑事や警察官

安沼
本書の後半で述べるとおり、私は現在、国家公務員の法務技官として勤めているため、ペンネームを使用した。また、本書のエピソードに登場する人物名はすべて仮名である。

は度が外れてポンコツだし、人気を博した「踊る大捜査線*」シリーズは設定が現実離れしている。警察志望者向けの解説本に書かれているのは建て前ばかりだし、元警察官の書いたものは捜査一課とか公安警察、白バイ隊員とかの手前味噌な思い出話や自慢話ばかりだ。

警察官になりたてのころ、勉強も兼ねてそうした警察モノを見たり、読んだりしていたが、いつのまにかだんだん遠ざかるようになった。〝本当の現場〟を描いたものはどこにもなかったからだ。

東野圭吾の小説*に「警察官は推理小説を読まない。現実の事件で小説のようなトリックが使われることはないし、動機も込み入ったものでなく、ついカッとしてといった短絡的なものがほとんどだ」という記述があり、膝を打ったことがある。

だからこそ、私は現場で汗を流す末端の警察官の、よいことも悪いことも含めたリアルな姿を描きたいと思った。本書には、スカッと痛快な逮捕劇も、警察官同士の熱い友情話も、勧善懲悪の物語も載っていない。そして、それこそが私が知っているありのままの警察の世界なのだ。

踊る大捜査線
青島刑事（織田裕二）が昇任後もずっと湾岸署にいるのはおかしいとか、青島の右手をピンと伸ばして指先をこめかみあたりにつける「挙手敬礼」は着帽時の敬礼だとか、すみれさん（深津絵里）が退職願を出してすぐに「明日の夜行バスで帰ります」なんてありえないとか、ツッコミどころは多い。

東野圭吾の小説
『どちらかが彼女を殺した』（講談社文庫）。現実世界では、「ガリレオ」のように民間人に頼ることはないし、「加賀恭一郎」のように卓越して優秀な刑事が一人で鮮やかに解決なんてこともない。そもそも私は20年間の警察官人生で殺人現場に遭遇したことは一度もない。

私は本書を告発本だとは考えていないけれど、とくに第4章に記した本部留置H分室についてはそういう側面があることを否定しない。

本書をきっかけに警視庁内で「犯人探し」が始まるかもしれない。私に対する非難や中傷もあるだろう。幹部の怒りを買えば、私自身が「守秘義務違反」でお縄につく可能性だってゼロではない。

だが、誰になんといわれようと、本書にあるのはすべて私が実際に体験した事実*である。

尊敬する上司のひとりにこう言われたことがある。

「安沼君って、一見温和で常識人って感じだけど、いつか知らぬ間にでっかい爆弾を落としそうな人だよね」

上司は長年、刑事として勤務していた。〝刑事の洞察〟が当たっていたのかどうか、読者のみなさんにご判断いただければと思う。

実際に体験した事実　地域名や警察署名は一部イニシャルにしているがすべて実在のものだ。ただし、プライバシー保護などの観点から、登場人物の特定を避けるため、キャラクターを改変したり、脚色をくわえている。法律や制度についてもできるかぎりわかりやすく表現することを心がけた。一部に記憶違いや正確性を欠く記述がある点はご容赦いただきたい。

警察官のこのこ日記◉もくじ

第2章 配属ガチャ、ハズレました

第3章 事件は××で起きている

装幀●原田恵都子（ハラダ＋ハラダ）
イラスト●伊波二郎
本文校正●円水社
本文組版●閏月社

第1章　ようこそ警察学校へ

某月某日　オリエンテーション：入校前日の腕相撲

「寝てんじゃねぇぞ！」

警察学校*入校前日の3月31日、大講堂に集められた入校生に浴びせられた怒号に空気がピリつく。

採用は4月1日付だが、通例、入校生は前泊することになっている。昼すぎから受付をして寮に荷物を運び込んだあと、夕方に講堂でオリエンテーションが行なわれる。そこで洗礼を浴びるわけだ。

入校の数日前、女性の教官から自宅に電話*がかかってきた。

「安沼君ね。教官の歌木です。前泊の日だけど、お昼の12時までに学校に来てくださいね。当日の衣装は、スーツに革靴ね。ところで、安沼君は運動経験はあるのかしら？……」

口調は終始やさしいお母さんといった感じで、「警察学校」に緊張していた私

警察学校
東京都府中市朝日町にある警視庁警察学校。長らく中野区にあったが、2001年にこの地に新校舎が建てられた。私が入校したときはまだ建てられたばかりで、「この先何十年も使うんだから大切に使え」とよく注意された。

自宅に電話
入校前に担当教官が入校の最終意思確認も兼ねて電話をかけてくる。運動経験を尋ねられたので「合気道をやっていま

も解きほぐされていく。この人が教官なら、やっていけそうだ。

「そんなに緊張しなくていいからね。一緒にがんばりましょう」

そう言って女性教官の電話は切れた。

あの〝やさしいお母さん〟はどこにいるのかと、緊張感が張り詰める講堂を見回す。〝やさしいお母さん〟は見当たらず、屈強な男たちが入校生を威圧するように周囲を巡回している。

ひと通りのオリエンテーションが終わるとすぐ基本動作の練習に移る。入校式に備えて、起立・礼・着席をトレーニングするのだと説明された。

「起立！」「礼！」「着席！」

号令に合わせて、入校生たちが立ったり座ったりすると、あちこちから「遅い！」だの「もっとキビキビしろ！」だのという声が飛ぶ。

ひと際大声で目立っていたのがまだ若い坊主頭の男だ。年齢は私のひと回りほど上だろう。青々と刈り込んだ坊主頭と鋭い眼光が非カタギ感を醸し出す。

「おいっ、おまえ！」

坊主頭はそう叫ぶと、前方に座っていた入校生をステージ上に引っ張り出した。

した」と答えると、教官は「それはありがたいわ。合気道は基本的に女性警察官しかやらないから、ウチの女子学生たちに指導をお願いしようかしら」と嬉しそうに言った。実際に入校してみると、合気道をやっている男性職員は警察内でもたしかに希少だった。とはいえ、私の流派は警視庁で採用されていた流派と違ったこともあり、「女子学生への指導」は実現しなかった。

講堂の注目が集まる中、胸ぐらを掴み顔をぎりぎりまで近づけて大声で怒鳴る。

「おまえ、なめてんじゃねーぞ！　やる気がねえやつは辞めろ！　代わりはいくらでもいるんだ！」

私は大学時代に合気道をやっていて、それなりに体を鍛えていたとはいえ、根っからの体育会系ではない。幼少期から人を殴ったことも、殴られたこともない平和主義者だ。いくら警察学校とはいえ、この時代に暴力を振るわれることなどないだろうと思っていたが、目の前の光景に不安がつのってくる。自分があんな目に遭ったらどうすればいいのか。

私は目をつけられないように、それまで以上にキビキビとした動作で「起立」「礼」「着席」を繰り返す。警察学校側にしてみれば、すべての入校生にここは甘くないことを示威《じい》するための見せしめでもあるのだろう。

基本動作の練習は続き、「指先を伸ばせ！」「（礼の）角度が甘い！」といった大声が講堂のそこここで上がる。「おまえ、モミアゲ長い*な。ルパンか！」というツッコミが入り、そこでようやく講堂の空気がゆるみ、あちこちから笑いが起こった。ただ、私に笑う余裕は一切なかった。

モミアゲ長い
警察学校では男子の頭髪は長くてもいけないし、丸坊主もＮＧ。あるとき、

2時間ほどのオリエンという名の示威行為が終わり、ようやく解散になったあと、女子学生だけが講堂の一角に集められた。横目で見ると、上げた前髪をきっちり固めた神経質そうな女性助教からの「特別指示」が行なわれている。

「あんたたち、大学ではチヤホヤされてきたんだろうけど、ここは甘くないよ！」

「はい！」

「生半可な気持ちじゃ、やっていけないからね！」

「はい！」

女子学生たちのレスポンスも必死だ。

不安を抱えながら、寮に戻る。われわれ入校生はこの日からこの寮で6カ月にわたって同期たちと共同生活を行なうことになる。

寮には「学習室*」と呼ばれる部屋が存在し、5～6人単位で半共同部屋として使用するため、学習室ごとのグループができあがる。そこで初めて顔を合わせた若者たちは自己紹介を始めた。

「H大学出身の八十島《やそじま》です。大学ではラグビー部に所属していました」


床屋でモミアゲを全部剃り落としてもらったところ、助教から「モミアゲが短すぎる」と注意された。

学習室
学生の居室は完全個室となっていて、6部屋ごとに「学習室」というミーティングルームがある。学習室には6名分の机が置かれ、授業で使うプリントの配布や、ミーティングを行なう際に集まる。府中の新校舎が完成する前の中野校舎では生徒に個室はなく、6人の共同部屋でプライバシーのプの字もなかったとか。

「D大学の有馬です。ボクは4年間、サッカーサークルに入っていました」

「明治大学出身の安沼です。私は合気道をやっていました」

ひと通り自己紹介が終わると、ラグビー部の八十島が提案した。

「せっかく同じ学習室になったんだから、親睦を深めるために、みんなで腕相撲大会やらねえ?」

そう言う八十島は身長170センチほどとさほど高くもないが、上半身の筋肉が隆々としているのが服を着ていてもわかる。

会ってすぐに腕相撲というのもいかにも警察学校っぽくて面食らったが、八十島の勢いに押されて、5名の入校生たちはみな、なんとなく参加することになる。

結果、提案者の八十島がぶっちぎりで優勝した。ちなみに私は1回戦で負けたのだが、私との数分に及ぶ死闘を制したサッカーサークル出の有馬を、八十島はものの2秒で沈めた。

「あれっ? みんな、こんなもん? 俺、ラグビー部だと弱いほうだったんだけどなあ」

八十島が右ひじをさすりながら、得意満面でそう言った。

夜10時半
消灯は夜10時半となっており、この時間以降に寮の部屋から出歩くのは原則禁止。夜間当直の教官

はたして、自分はやっていけるのだろうか。夜10時半、*慣れない寮の部屋で布団に潜り込むが、大講堂での出来事が頭に思い浮かび、不安と緊張でなかなか眠りにつけない。

「たった半年だ。半年我慢すれば、警察官になれるんだ」

そんなことを自分に何度も言い聞かせ、空が白んできたころ、私はようやくまどろみ始めた。

某月某日　幸か、不幸か……教場と、鬼助教

翌日、入校の日を迎えた。

木村拓哉主演のドラマ*でも有名になったように、警察学校ではクラスや教室のことを「教場《きょうじょう》」と呼ぶ。

われわれの同期は総勢300人。1クラス35名程度で、8つの教場に振り分けられる。そして、この教場での席は五十音順に決められる。「安沼」「八十島」

に見つかると怒られる。また、部屋内で起きていること自体もダメで、たまに助教が扉を突然ガッと開き、寝ているかどうかを確認しにくる。カギをかけておくのは禁止されていたのでプライバシーも何もあったものではない。

木村拓哉主演のドラマ　長岡弘樹による警察小説『教場』を原作に、フジテレビでドラマ化された。木村拓哉演じる教官・風間公親（かざまきみちか）が学生たちをふるいにかけていくストーリー。警察学校生活にお

……私の1つ後ろの席にはラグビー部の八十島が座った。

教場で担当となる教官と助教を待っていると、2人の男女が入ってくる。40代くらいのふくよかな女性と、眼光鋭い坊主頭。前日、大講堂で大声で威圧していたあの坊主頭の男だった。

「おいっ、号令をかけろ！」教場に入るやいなや、坊主頭が最前列に座っていた学生に怒鳴る。

「き、気をつけ！」最前列の学生が慣れない号令をかける。

「揃ってねぇぞ！　やり直せ！」

ふくよかな女性は黙ってその様子を眺めている。

号令のやり直しが数回続いたあとで、年長の女性がようやく自己紹介。

「教官の歌木です。これから6カ月、私がみなさんの教官を務めます。みんなのご両親と同じくらいの年齢かな。よろしくね」

入校前にやさしい口調で電話をくれた歌木教官だった。教官が柔和に短めのあいさつを終えると、坊主頭が待ってましたとばかり口を開く。

「助教の奈良原だ！　私が歌木教官のサポートをさせてもらう。幸か不幸か、こ

ける妬（ねた）み嫉（そね）みはうまく描けているが、風間教官の洞察力がすごすぎてやや現実離れしている。ドラマ『教場』では助教の影が薄いが、リアル「教場」では助教がおもに学生指導をしている。

の教場が一番厳しくなるだろう。よろしくな」

警察学校では一般的に教官と助教は男女のペア*となる（教官が男性の場合は、助教は女性）。そして、教官はやさしく、助教は厳しい。アメとムチを使い分けるのだ。教官はあくまでクラスの管理者であるのに対し、おもに学生に接するのが助教である。なお、8つの教場はそれぞれ教官の名前を冠して呼ばれる。鷹山教官なら「鷹山教場」、大下教官なら「大下教場」。われわれの教場は「歌木教場」である。

こうして、助教・奈良原のもと、「歌木教場」の地獄の半年が幕を開けることになる。

制服の採寸や体力テストを済ませると、またしても1週間後に行なわれる入校式に向けての練習*が行なわれることになった。

入校式は学生の家族なども観覧ができる、警察学校の一大イベントだ。学校側にとっても外部にアピールする数少ない晴れの舞台であり、幹部のメンツにかけても式典をつつがなく執り行ないたい。そのために徹底した練習が繰り返される

男女のペア
教官・助教といえど異性の寮への立ち入りは制限されているので、共学教場だと必然的にこうなる。男女ペアの場合、「大人の事情」で両方とも独身者が選ばれることはないが、「上司部下」以上「相棒」未満の絶妙な関係を続けていくうち、「大人の情事」に発展することもあるとかないとか。

入校式に向けての練習
姿勢や動作だけではなく、君が代の斉唱の仕方などにも厳しいチェックが入る。君が代の「さざれ石の」の部分で「さざれ」「石の」と区切るのではなく、「さざれ−石の−」と発声し続け、息継ぎをしてはいけないのだと練習中に口を酸っぱくして言われた。

のだ。

入校前日のオリエンテーションと同様に、起立のタイミング、敬礼の形などが厳しくチェックされ、助教からの怒号が飛び交う。入校前日よりも、さらに激しく、厳しい気がする。それまではまだ「お客さん」だったのが、いよいよ「警察学校の学生」として扱われるのだ。われわれ学生は、こうして警察学校の一員に組み込まれていく。

1週間かけて基本動作を繰り返しやらされ、学生たちが「この練習にいったいなんの意味があるのだろう」とうんざりし始めるころ、ようやく入校式を迎える。

入校式では、多くの学生が自分の両親を招待する。教官や助教もそれを推奨していたし、同期たちも当たり前のように親を招いていた。私もとくに深い考えもなく、みんなと同じく両親を招待した。

本番当日、厳かな雰囲気の中、警察学校の大講堂で式が挙行*されると「入校式なんて1日も早く終わってくれ」と願っていた私ですら自然と身が引き締まる思いがした。

式が挙行
辞令交付や服務宣誓、校歌や国家斉唱が行なわれる。服務宣誓では「私は、日本国憲法および法律を忠実に擁護し、命令を遵守し、警察職務に優先してその規律に従うべきことを要求する団体または組織に加入せず、何ものにもとらわれず、何ものをも恐れず、何ものをも憎まず、良心のみに従い、不偏不党かつ公平中正に警察職務の遂行に当たることを固く誓います」と代表者が読みあげる。本書に登場する警察官たちがこの宣誓を遵守できているかどうか、読者のみなさんにご判断いただきたい。

某月某日

教練はつらいよ：警察学校初ビンタ

入校式が済むと、本格的な警察学校生活がスタートする。

6時に起床、7時に朝食をとって身支度を整えたあと、8時50分からの授業に臨む。授業時間は1コマ1時間20分。これが1日5コマ。授業では、憲法、行政法、刑法、刑事訴訟法などの法学や、一般教養、警察実務を学んでいく。学生たちは日々、分単位のスケジュール*に追われることになる。

柔道、剣道の武道やランニングなど体力的にきつい授業も多々あったが、私にとっては「教練《きょうれん》」がもっともつらかった。

「教練＝基本教練」とは個人や部隊の基本動作を統制する動作様式のことだ。

広場に等間隔で一列に並び、服装の乱れや靴の汚れがないかなどのチェックに始まり、「気をつけ」の姿勢から敬礼などの個別動作、手帳や警棒を取り出す動作、集団での行進などが行なわれる。

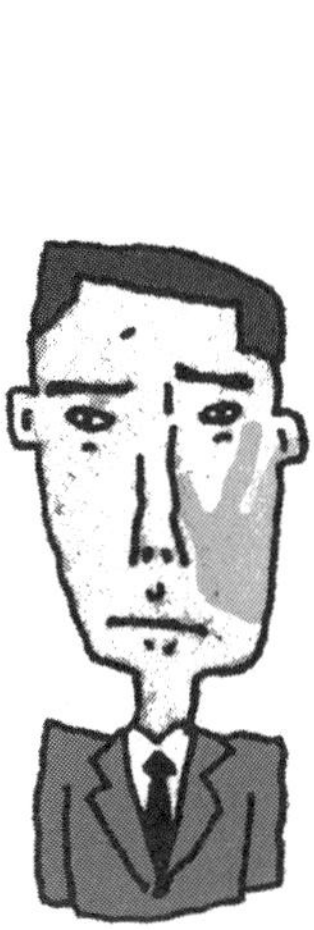

分単位のスケジュール
座学→座学ならまだしも、座学→柔道→座学となると着替えに時間がかかり本当にあわただしい。シャワーを浴びる時間などあるわけもなく、夏場、武道の授業のあと、座学の教官が「なんか、すっぺーニオイがすんな」と嫌な顔をしていた。こっちだって好きですっぺーニオイを発しているわけではない。

敬礼のヒジの角度は30度とか、警察手帳を開いたときの角度は135度などなど、とにかく事細かく決められており、動作が揃っていないと何度でも怒られ、やり直しをさせられる。この機械的な動きには、八十島をはじめとした多くの体力自慢も苦労する。走力や筋力とはまた違った集中力や精神力が要求されるからだ。

ある日の教練の授業のこと。その日は服装チェックに重点が置かれ、とくにネクタイの結び目を奈良原が一人ずつ点検していく。きちんとできていれば「よし！」、結び目が曲がっていたり、たわんでいたりする学生には「ヘタクソ！」と言って、ビンタが飛ぶ。

一列に並んだ学生を端から順番に奈良原が確認していく。

「よし！」「ヘタクソ！（バシッ！）」「ダメ！（バシッ！）」「よし！」……だんだんと順番が近づいてくる。

私と向き合った奈良原は視線を下げて胸のあたりを見て一言。「よし！」

私は「やった！　クリアだ」と心の中でガッツポーズ。

ほっとした一瞬、顔が破裂したような痛みが走り、パーン！　と乾いた音が川《かわ》

川路広場
警察学校にある校内広場で、初代大警視（現在の警視総監）の川路利良の銅像が設けられていることから、こう呼ばれる。四方が建物に囲まれており、教練などで足を踏み入れる際には制服の着用が必須。警察官にとって神聖な場であり、教練などをのぞき無闇に立ち入ることはできない。

路広場《じひろば》*に響く。

どういうわけか、「よし！」にもかかわらず、私はいっそう強力な〝警察学校初ビンタ〟を食らったのだ。

わけがわからず呆然とする私に目もくれず、奈良原は「よし！」「ダメ！（バシッ！）」を繰り返しながら横に遠ざかっていく。

警察は階級社会*で上司の命令は絶対である。教官や助教の指示に対しては「はい」と「了解」しか許されない。「『よし』なのに、なぜビンタなのですか？」などと疑問を呈することなどありえない。

とはいえ、入校前に恐れていたビンタも、みんな次々にやられているし、そろそろ自分の番かなくらいの心構えはできていた。怒りや不満、反発という感情は不思議と湧かず、甘んじて受け入れる自分がいた。

教官や助教に「いいえ」と言えるのは「辞めるか？」と聞かれたときだけ。こうしてビンタも平気で受け入れる、従順なイエスマンができあがっていく。

警察は階級社会
警察官の階級は上から、警視総監→警視監→警視長→警視正→警視→警部→警部補→巡査部長→巡査の順。警察官は基本的に巡査からスタートし、昇任試験に合格することでステップアップしていく。ただし国家公務員一般職試験合格者（いわゆる準キャリア組）は巡査部長から、国家公務員総合職試験合格者（いわゆるキャリア組）は警部補からのスタートとなる。キャリアの場合は、採用後の研修と交番実務を経て、試験なしに昇任するため、最年少だと23歳で警部になることも可能（私は見たことがないが）。また、警視正以上の階級はノンキャリアでは昇任が難しい。ノンキャリアの最高位は警視長で、ポストは警察学校長などがある。

某月某日　メリメリ教場：「警察官に頭脳はいらねぇ」

助教・奈良原は自らを理不尽と評した。朝のミーティングでこんなことを言う。

「俺のやり方にはメリハリなどない。メリメリだ！」

それを言うなら「ハリハリでは？」と思うが、生徒たちがツッコめるわけもない。

「警察官に頭脳はいらねぇ。ウチは首から下だけを鍛える首下教場だ！」

これもまた奈良原助教の持論だった。首下教場だけあって、われわれはひたすら走らされた。ただのランニングではない。全員で足並みを揃え、掛け声をかける。

「努力！　ウタキ！　根性！　ウタキ！　ウータキ！　ソーレ！」

歌木教官の名前を盛り込んだ、わが教場独自の号令を走っているあいだじゅう大声で叫び続ける。

前述のとおり、私の期では教場は全部で8つ。* そのうち4教場が共学で、4教場が男子のみだ。わが歌木教場は共学で、35名ほどの生徒のうち半数が女子だ。最初に知ったときにはラッキーと思っていたが、訓練の日々をすごす中でだんだんと男だけのほうが気楽だと思うようになった。

というのも、そもそも恋愛などできるわけでもなく、女子に気をつかうだけだからだ（もちろん、男だけの教場から見たら、われわれ共学の教場はさぞうらやましく見えたことだろうが）。

それに女性警察官を目指しているだけあって、女子たちはみな勝ち気だ。自己主張もはっきりし、性格もサバサバしている。一緒に汗だくで「教練」やランニングをしていると恋愛対象として見られなくなっていく。

そんな雰囲気の中、じつは私にはひとりだけ気になる女性がいた。小柄で目がクリッとしていてリスを思わせる相沢沙穂さんは、自己主張の強い女性陣の中にあって一歩引いて、いつも穏やかに笑っていた。

教場内で話をしたところ、幼いころからずっと女性警察官に憧れがあり、夢をかなえるために警察学校に入学したのだと語った。なんとなく警察官を目指した

全部で8つ
1〜4教場が共学、5〜8教場が男子のみ。5〜8教場は、教官と助教も男性。歌木教場は第4教場で、第3教場とは姉妹教場となり、柔剣道などの授業を合同で行なったり、寮もすぐ隣であるなど、接点が多かった。ただ、第3教場は規律がゆるめでうらやましかった。

私と違って、意志の強さが感じられて、ますます好感を持った。

それ以降、相沢さんにほのかな恋心を抱き、彼女と教場で話すことに、警察学校内での数少ない喜びを見出していた。


「うちの教場は、今日から寮のエレベーター使用禁止な」

朝のミーティング、奈良原が唐突に宣言した。

寮の男子部屋*は最上階7階の一番奥にあり、教場へと移動するだけでも一苦労だった。それがエレベーター禁止だという。学生たちは寮と教場とを毎日何往復もする。そのたびに7階から1階まで階段で昇り降りしなければならない。

「何事も鍛錬だ」

奈良原は胸を張ってそう言った。

その後も、奈良原は「今日からおまえらはカップラーメン禁止な」と突然の宣告をしたりした。理由は「健康に悪いからな」ということで、建て前上は「おまえらのためを思って」ということになっているのだが、本人はカップラーメンを食べていたし、理不尽なブラック校則そのものだった。

寮の男子部屋
1、2階が女子寮、3〜7階が男子寮で、よりによってもっとも遠い7階の一番奥がわが教場のエリアだった。寮内には当然、エロ本など持ち込み厳禁。しかし、この当時持ち込みOKだったノートパソコン内にデータとして動画を保存している同期がいて、〝神〟として崇（あが）められた。みな、〝神〟の前にひれ伏して借用を願い出て、1晩ずつ順繰りにありが

「エレベーター禁止」も「カップラーメン禁止*」も、ほかのどの教場でもやっていない。奈良原が勝手に制定した、歌木教場の生徒だけに適用されるルールなのだ。もちろん、われわれに「どうしてですか?」などと問う権利などない。

歌木教場の生徒たちは、奈良原が担当になってしまったことを呪い、心の中でブーイングをしながらも、その指示に「はい!」と大声で従うのだった。

某月某日　拳銃係：コツは〝ぎゅう・ドン〟

教場にはさまざまな係がある。教場をまとめる「場長《じょうちょう》」、柔道や剣道の指導を補助する「柔道係」や「剣道係」、教練の指導を補助する「教練係」、制服の配布を担当する「被服係」などで、学生全員が何かしらの係につくことになっている。

係を決めるのは教官や助教で、適性を見極めながら任命するという。たしかにリーダーシップを発揮する係には体育会系の学生が選ばれており、八十島は「教練係」に任命された。私が任命されたのは拳銃係だった。もちろんそれまでに銃

たく使用させていただいた。

＊カップラーメン禁止　あるとき、奈良原は突然、寮の部屋に入り込み、捜索を行なった。奈良原のガサ入れにより、数名の生徒が「カップラーメン所持等取締法違反」で検挙され、頭を小突かれ、カップラーメンを押収されたのだった。

を撃ったこともなければさわったこともない。私のどこを見て「拳銃係」に任命したのか、いまだに謎だ。

私とともに拳銃係を命じられたのが田之上君だった。関東地方の（本人いわく）三流私立大学を卒業したという彼はスポーツ経験もないらしく、「俺なんて、みんなについていくだけでやっとだよ」とよく口にした。

歌木教場でも私と同じく日陰者キャラで、メガネをかけて生真面目そうな顔つきだが、どこか抜けたところのある田之上君に私は親近感を持っていた。

拳銃実技の初日、授業に先立ち、拳銃係の田之上君と私は拳銃金庫で教官立ち会いの下、拳銃の出庫*を行なうことになった。

「俺、拳銃さわるの初めてなんだよ」田之上君が不安そうにつぶやき、

「誰だってそうだろ」と私がつっこむ。

拳銃は10丁ずつ、銃架台《じゅうかだい》と呼ばれる木枠に納められており、田之上君と私が「拳銃10丁、出庫します！」と教官に報告しながら台車に乗せていく。拳銃は厳重に保管されており、出入庫の際には必ず教官が立ち会い、簿冊に逐一記入しなければならない。初めて拳銃をさわる田之上君の手はブルブルと震えていて、そ

拳銃の出庫
警察学校にかぎらず、拳銃の出入庫については警部補以上の立ち会いが必須である。なお、警察学校では緊張感のある出入庫も、所轄では雑になる。地域課員は出勤時に拳銃を装着してから銃弾を込めるのだが、毎回誰かしら銃弾を床に落とす。

れを見ている私にまで緊張が伝わってきた。

　拳銃射撃の担当は50代で、好々爺《こうこうや》といった感の木津教官*だった。

「コツは〝ぎゅう・ドン〟だ」

　引き金を一定の力で「ぎゅう」と引き、「ドン」と発射する。これが射撃のコツだという。

　だが、実際にやってみると、簡単なようで難しい。拳銃には重量があり、伸ばした両手で把持《はじ》するだけでもプルプルと腕が震える。実射の際にはけたたましい破裂音と反動が手を通して全身を襲う。初心者はこの反動を怖がり、発射の瞬間に引き金を引く指に余計な力が入ってしまう。これを「ガク引き」という。これを克服しないと弾はまっすぐ飛ばない。発射される際の反動にも逆らってはいけない。肩を支点にして衝撃を上に逃すのだ。

　実射訓練の種類には「遅撃《おそう》ち」というじっくりと狙いすまして撃つ基本射撃のほかに、中腰で標的を狙う「腰撃ち」、片膝立ちで標的を狙う「膝撃ち」などさまざまな種別がある。とくに至近距離で中腰になって撃つ「腰撃ち」が実践的で

好々爺といった感の木津教官
ある晩、宿直勤務の木津教官のもとに他教場の拳銃係たちと一緒にあいさつに行った。木津教官は宿直勤務員用の拳銃を取り出し、弾を抜いて「これで空撃ちの練習してみろ」と私に手渡した。こんなことをして大丈夫なのかと心配になったが、本物の銃で練習できる貴重な機会を使わない手はない。空撃ちすると木津教官はそれを見ながら懇切丁寧に指導してくれた。指導法は高圧的でなく、理路整然としていて尊敬できる教官だった。

あるとされる。

木津教官は生徒たちを見回しながら説明する。

「拳銃は、武道やスポーツと違って体格差が関係ないんだよ。必要になるのは精神力と集中力だ」

初めての実射。びびりな私は「ガク引き」を連発する。八十島たち体育会系の連中も拳銃には苦心しているものの、最初からコツをつかんで標的に当てている女子もいる。木津教官の言うとおり、「精神力と集中力」なのだろう。

田之上君の様子をうかがうと、彼も「ガク引き」ばかりのようだ。それを見て少しだけほっとする。

だが、6月には「拳銃検定」があり、得点に応じて中級と初級にクラス分けされる。そして、初級にも及第点があり、それに満たない者は検定終了後、初級の点数に達するまで、ひらすら実射することになる。

スタートラインは同じでも、授業を重ねると、上達の早い遅いが如実に表れる。八十島はみるみる腕をあげ、なかなか上達しない拳銃係の私と田之上君を、「拳銃（係）タッグはさすがテクニシャンだなぁ」などと茶化すようになる。

モデルガン
すでに卒業した、拳銃係の先輩が自費で購入したものを奈良原が預かるかたちで、寮に代々受け継がれていた。モデルガンでのイメージトレーニングは必ず寮の居室内で、と奈良原や木津教官から口酸っぱく言われていた。一般の人の目につく場所だと、学生が拳銃を使っていたなどといったクレームが来るためだ。私は夜な夜なひとり居室内でガラスに反射する自分

プレッシャーに感じた私は寮の自室でモデルガン*を使って、毎晩イメージトレーニングに励むのだった。

某月某日　**出世頭**：教場内カースト

同世代の若者が30人も集まれば、クラスには自然と〝カースト〟ができあがる。これは警察学校も、一般の中学や高校・大学と変わらない。

腕っぷしの強い八十島たち体育会系の連中がカースト上位だとすれば、文科系の連中が中位、私や田之上君ら数名が下位といえた。体育会系の集団は八十島が音頭をとり、連れ立って風呂に行ったり食事したりして、寮内でも楽しそうにすごしていた。やっかいなのはカースト上位の八十島が「教練係」だったことだ。「教練係」のおもな仕事は教練担当教官の補助だ。授業では教官らが指導するが、課外時間の自主練習は教練係が指揮をとる。

自主練習において教場全体を引っ張るうち、八十島の〝リーダーシップ〟は学

の姿に向かって空撃ちをしていた。

校生活全般にまで及ぶようになってきた。

「ベランダにハンガー掛けっぱなしにしておくなよ！」

「制服がシワクチャだなあ。ちゃんとアイロンがけしたのか⁉」

寮の部屋の整理整頓や、食事の仕方なども、小舅《こじゅうと》のように細かく注意*するようになった。

それだけならまだいい。ある休日、八十島は貸与された手錠を持ち出してきた。学生それぞれには入校後、警棒や手錠が貸与され、自室で個人保管することになっている。本来、授業への持ち出ししか許されていない手錠をジャリジャリと回しながら、笑っている。

「小野沢、手ぇ貸せよ」そう言うと、同室の小野沢を押さえつけ、後ろ手に手錠をして、寮の廊下に押し倒した。

「何すんだよ」小野沢は苦笑いしている。

八十島はそのまま馬乗りになると、「小野沢、逮捕！」とはしゃいでいる。

「逮捕」された小野沢も、周囲も苦笑いしていた。楽しんでいるというより、場の雰囲気を壊さず、八十島に気をつかっているように見えた。

小舅のように細かく注意
教練係の八十島は教練の授業の前、とくにピリピリしていた。2限の教練の前に、講堂で聴講があった際のこと。「安沼、このあと教練だろ。制服にシワがつくから浅く座って椅子に背中をつけるな」と注意されたことがある。

八十島のようなキャラク

私は関わり合いにならないように、ひとり本に目を落としていた。みんながリーダーである八十島に気をつかう雰囲気が嫌いだった。

こんなやつが警察官になるのかと思うと、いたたまれない気持ちになったが、その後、八十島は若くして刑事に抜擢され、捜査一課を経て、警察庁に出向した。いわゆるエリートコースを順調に歩み、2024年現在、教場内でも一、二を争う出世頭となった。警察という組織を生き抜くのは、きっと八十島のようなキャラクター*が適しているのだ。

実際、このときも手錠持ち出しなどのルール違反は別にして、教場内での八十島の横暴ぶりに教官や助教も気づいていたはずだが、教場の中心となってリーダーシップを発揮し、教練の指導も熱心に行なう八十島を黙認していた。いつの時代も、どこの海でもうまく泳げる人間はいるのだ。

さて、奈良原が制定した「エレベーター禁止法」。生徒たちは最初の数日だけは遵守して階段を使っていたが、だんだんとエレベーターを使うようになった。他教場*の生徒たちはみなエレベーターで移動しているのを見れば、なんで自分た

ター
警察という組織は「階級がすべて」という出世至上主義が強い。出世するのは八十島のようなジャイアンタイプだろう。また、それを取り巻くスネ夫タイプも組織をうまく生き抜く。少数の出木杉くんタイプ（キャリア組）も当然、出世する。割を食うのは私のようなのび太タイプだ。これはどこの組織も同じかもしれないが。

他教場
男子教場の学生は、共学教場の男子学生を目の敵にしていた。柔剣道などの対抗試合では「共学の連中に負けてたまるか」と目の色を変えて挑んできた。全8教場の代表メンバーによる駅伝大会が開催され、わが教場は共学にもかかわらず3位と大健闘したのも良い思い出だ。

ちだけがと思うのは当然の成り行きだ。

ただ、田之上君と私はそれでも階段を使っていた。生真面目な田之上君は馬鹿正直に奈良原の指示を守ったのだろうし、私は、表では奈良原にペコペコしながら、裏ではエレベーターを使う八十島たちを見て、自分は絶対に階段を使ってやるという意地のような気持ちだった。階段を使うわれわれ2人を、八十島たちは「おまえらはやっぱりエリートだなあ」などと言って笑っていた。

そんなある日、拳銃係として授業に必要なプリントを寮の部屋に取りに行く必要があった。昼休みが終わるまでに戻らねばならず、時間が迫っていたため、田之上君と小走りで寮に行き、その帰りに急いでエレベーターに飛び乗った。「いいのか」と不安がる田之上君を、「大丈夫。見つからないって」と私が半ば強引に引っ張り込んだ。

1階に着いてエレベーターのドアが開くと、たまたま奈良原がいた。

「おいっ、おまえら、何やってんだ!?」

奈良原が良い獲物をとらえたとばかりに、ニヤニヤしながら近寄ってきた。

たまたま一度だけ*使ったエレベーターで奈良原に見つかるなんて、すさまじい

たまたま一度だけ
奈良原いわく「〝たまたま一度だけ〟なんて言い訳は現場じゃ通用しねーんだ」。現場では「方面本部」という部署があり、交番を抜き打ちで監察にやってくる。私も交番勤務時、たまたま奥に引っ込んでいたところを見つかって始末書を書かされた。交番に2人以上の勤務員がいる場合、必ずどちらかが立番（りつばん。交番前で立って警戒にあたること）か見張り（見張り所で座っていてもOK）になっている必要があるためだ。どんなときも「たまたま一度だけ」は通用しない。われわれ

〝悪運〟を持っているのは、田之上君なのか、私なのか。

2人並んでその場に正座させられ、奈良原から説教を食らうわれわれの横を、八十島たちが笑いをかみ殺しながら通りすぎていった。

某月某日 **マンキョウ第1号**：束の間、デート気分

教場では学籍番号（五十音）順に「教場当番」が回ってくる。小学校の日直みたいなものだ。そして、この仕事はかなり忙しい。

まず朝、日誌を集めて回り教官に提出する。そのまま教官室でお茶汲み*。これも「教官はコーヒー。ミルクたっぷりで砂糖なし」「助教はぬるめの緑茶」など事細かに作法が決められている。

それが済むと「授業連絡」。その日の授業を担当する教官や助教のところに行って、午前中の授業の持ち物（教科書、警務要鑑という警察版小六法のようなものや、白紙の被害届、逮捕手続き書などがつづられた演習用紙など）を確認して学生たち

警察も〝たまたま一度だけ〟の交通違反を取り締まるのだから当然だ。

お茶汲み
警察には「お茶汲み」文化があり、刑事の世界では「お茶汲み3年」などと言われた。新人刑事が先輩刑事の好みを頭に叩き込んでお茶を淹れることでコミュニケーションをとり、仕事を教えてもらうのだという。とはいえ、最近ではペットボトル派が多くなり、お茶汲み文化も廃れつつある。

に周知する。昼にも再び「授業連絡」があり、午後の授業の持ち物を確認して学生たちに知らせてまわる。担当教官が捕まらなかったり、学生たちがバラバラだったりして全員に周知するのは手間だ。だが、伝達不足で学生に忘れ物があったりすると教場当番の責任にされる。

そんなこんなで、教場当番の日は満足に食事をしている暇もない。だから、学生はみな教場当番が近づいてくると、「もうすぐ当番かぁ」とため息をついている。

私が初めて教場当番をやったときのことだ。朝イチで日誌を集めて提出し、歌木教官にコーヒー、奈良原にお茶を出した。「授業連絡」で1限にプロジェクターが必要だと聞き、みんなに伝えるため教員室を出ようとすると――。

「おい、待て」奈良原に呼び止められた。

「はい！」私はあわてて立ち止まり、何事かと奈良原のもとに歩み寄る。

「おまえの淹れたお茶、まずいな」

大学時代、国道沿いの深夜の松屋でアルバイトして、有象無象《うぞうむぞう》の客*を相手にしていたが、ここまでのモンスタークレーマーはいなかった。そう思いながら、急

有象無象の客
ある日の深夜、爆音をと

いで茶葉を入れ替え、お茶を出し直す。奈良原がテイスティングして、なんと言うかを緊張しながら直立不動で見守る。

「……まあ、いいか」

ようやく合格が出て、安堵しつつ教場へ戻る。本来ならすぐに「授業準備係」に1限にプロジェクターが必要なことを伝え、準備してもらう必要があるのだが、奈良原の一件でそれをすっかり忘れてしまった。

授業直前にそのことを思い出したのだが、時すでに遅し。やってきた担当教官はプロジェクターの用意がされていないことに激怒し、教室から出て行ってしまった。

「安沼！　おまえ、どうすんだ！」

八十島たち体育会系の連中から口々に非難され、いたたまれなくなった私は、「すみませんでした」と同期たちに頭を下げた。この失態はすぐに奈良原に伝わった。

教官不在のまま授業時間が終わると、奈良原が教場に乗り込んできた。いつもの眼光がさらに鋭さを増していて、まさに鬼の形相だ。どうなるか、私は覚悟を

どろかせて駐車場に暴走族ご一行が到着。10名ほどがそのままご来店。そういうときに限って米の炊き忘れという失態を起こし、30分ほどイライラする暴走族のみなさんにお待ちいただくことになった。ストレスで胃が痛むというのを初めて経験した。

決めた。

「安沼ぁ……」怒り狂った顔つきに反して、声は低く落ち着いていた。それがまた恐怖を倍増させる。

「はい」私はうなずいた。そうするしかない。

奈良原はこぶしで私の顔を殴りつけた。

ビンタが来るのだと決めつけていた。このころにはすでに何度も食らっていたし、だんだんと慣れつつあった。ところが、思いもしない不意打ちのパンチで、私は後ろに尻もちをついた。痛みよりも、たくさんの同期たちの面前で殴り倒された屈辱が全身を襲う。

「おまえ、マンキョウな」それだけ言うと、奈良原はそのまま立ち去った。

八十島たちは遠巻きに「あーあー」とあきれたような声をあげた。田之上君だけが「大丈夫か」と声をかけてくれた。

教場当番時にミスをすると、翌日ももう1日、教場当番をやらなくてはならない決まりだった。ミスが重なったり、重大なミスを犯したりすれば、助教の許しが出るまで教場当番を続ける「万年教場当番（通称・マンキョウ）*」となる。こう

通称・マンキョウ
この名前は不適切ではないかという話が持ち上がったそうで、警察学校の幹部は現場に「毎日教場当番（通称・マイキョウ）」への改称を命じたという。ただ現場にはほとんど浸透しなかった。マンキョウもマイキョウもやることはまったく同じ。やらされる側にしてみれば、どっちだっていい話だ。

A5サイズの冊子
「こころの環」という黄土（おうど）色の冊子。もともと文章を書くのが苦手な私は毎日書くことが苦痛だった。だが、何かやらかした日だけは皮

して私はグーパンチとともに、歌木教場のマンキョウ第1号を拝命することとなった。

　教場当番の毎朝のルーティーンに日誌集めがある。全生徒が毎日記載を義務付けられているA5サイズの冊子*を集めてまわるのだ。

　前日の夜に持ってきてくれる人もいれば、朝の提出ギリギリまでねばって書いている人もいて、提出が遅れれば、これも教場当番の責任なので、必死に急《せ》かしてかき集める。日誌を集め終わると、寮の1階で女子の教場当番と待ち合わせをし、揃って教官室に日誌を提出しに行く。これが共学教場のルールだ。

　マンキョウになった私*にとって、喜ばしいことがあった。女子の教場当番は順繰りに回ってくる。つまり、半月に一度、相沢沙穂さんの日が来るのだ。

　日誌の記入に時間がかかるのか、女子の当番はたいてい遅れてやってくる。ふだんは心の中で「遅《お》せーな。モタモタするな」と悪態をついている（もちろん口には出さない）が、相沢さんのときには、あの笑顔に会えるかと心が浮き立って、待ち時間すら楽しい。「遅くなってゴメンね」なんて言われると、「ぜんぜん。大

肉なことに書くネタに困らなかった。卒業時に本人に返却されるが、私はこの冊子を見るたびに嫌な記憶が想起されるので即座に捨てた。本書の執筆にあたり、取っておけばよかったと後悔した。

マンキョウになった私　教場当番は「教場当番」と記載された腕章をつける。毎日これをつけていると「マンキョウ」だということがほかの教場の学生にもバレる。そのうちほかの教場でもマンキョウらしき学生が出てくる。毎日のように教官室で見かけるのでそれとわかるのだ。顔見知りになり「お互い、がんばろうぜ」とエールを送りあっていたのだが、ある日突然、同志がいなくなった。「彼は交替できたのか」と嬉しいような恨めしいような気持ちになるのだった。

丈夫だよ」なんてまるでデートの待ち合わせ気分である。

しかも教場当番には夜10時の点呼後に「火気点検*」という仕事があり、男女ペアで夜の教場内を懐中電灯片手に見回る。ふだんは面倒な火気点検も、相沢さんと一緒にできるとなれば、テンションも爆アガリだ。

「夜の教場って、不気味だよね」と不安がる相沢さんに「今、後ろから物音がしなかった」「え〜、やだ〜」「ウソウソ。音なんてしないって」「怖いこと言わないでよ〜」なんて会話をして、束の間のデートを満喫する。次の相沢さんの当番までマンキョウなのも悪くない、なんて考えているのだった。

あるとき、夕方のホームルームで歌木教官が「今日のテーマは、現場に出てから目指したいものです。それぞれ何になりたいかを日誌に書いてきてください」と言った。

なんとなく警察官を目指し、採用試験を突破して警察学校に入学したはいいが、私はまだ現場に出てから何になるかという具体的な目標を決められずにいた。警察学校生活をこなすだけでいっぱいいっぱいだった。

翌朝、女子の当番がやってくるまでの時間、なんの気なしにほかの人の日誌を

火気点検
とはいっても火気を使うことはほとんどないので、異常の有無や忘れ物、落とし物がないかの確認の意味合いが強い。ちなみに所轄署でも火気点検があり、おもに総務系の当直員が行なっている。

のぞいてみる。レスキュー隊員とか白バイ隊員、警察犬訓練士などとみな具体的な進路が書かれていた。八十島の日誌には「刑事になります！」ときれいとは言いがたいが、決意を感じさせる大きな文字で書かれてあり、はっきりとした目標*のある彼らをうらやましく思う。

田之上君の日誌をのぞくと、生真面目そうな角ばった文字で「まだ何を目指したいか決まっていません。学校生活の中で見つけたいと考えています」と書かれていた。

私もまた自分の将来について何も決められずにいた。

某月某日　脱落者：次は自分の番なのか？

「田之上巡査が退職することになりました」

「え!?」思わず素っ頓狂な声を上げてしまい、周囲の視線が私に集まる。

朝のホームルームで歌木教官が「みなさんにお知らせがあります」と前置きす

はっきりとした目標
今から振り返ると、体力や頭脳より、目標が明確だった人ほど出世したり活躍しているように思う。八十島は刑事になったし、「レスキュー隊」や「白バイ隊員」と書いていた者もそれぞれ目標を達成した。ただ、「警察犬訓練士」は特殊かつ狭き門で夢はかなわなかったようだ。

れば、何か重大発表があるときだ。

　すでに入校して1カ月も経たないうちに「本当は消防士になりたかった」と言って退職した者もいたし、他教場でも数名の退職者*がおり、同期の退職には免疫があったとはいえ、私は大きなショックを受けた。

　空席になった田之上君の席を見る。毎日のランニング、柔道、逮捕術といった体力を使う授業についていくのがたいへんだという話は聞いていた。それに加え、生真面目すぎる性格から、寮や教場でも体育会気質の仲間からも軽んじられたり、からかわれたりしていた。やさしい彼には気の休まるところがなかったのかもしれない。

　それにしても、辞めるという決断をくだす前に、なぜ私にひと言も言ってくれなかったのか。裏切られたような気持ちが湧きあがる。

　だが、私は、彼の悩みに思いが至らず、勝手に良好な関係が築けていると勘違いしていた。そんな私に相談などできるはずもなかったのかもしれないと思うと、情けない気持ちになってくる。

　その日の授業が行なわれているあいだ、田之上君は退寮の手続きを済ませ、同

数名の退職者
他教場ではあったが、「昔からの夢である獣医師になりたい」と言って辞めた教官までいた。30代の女性教官で、教場を持っている途中で自己都合退職するというのは前代未聞の事態だったらしい。その教場では、急遽招集された別の教官が引き継ぐことになった。

期たちと顔を合わせることもないまま、教場を去っていった。

田之上君の本音を聞けなかったこともそうだが、彼が辞めたことに得体の知れない不安を覚えた。もしかしたら、次は私の番なのだろうか？


田之上君が退職して数日後、授業終わりに八十島が近づいてきた。

「安沼ぁ〜、今の授業、おまえ、また寝てただろ！」

ひと言目から高圧的に怒鳴りつける。

「いや、寝てないよ」私が反論すると「嘘つけよ！　ずっと下向いてただろ！」とあたりに聞こえる大声で言い、われわれに周囲の注目が集まる。たしかにこのころの私は夜眠れず、授業中に何度か居眠りしていることがあったし、そのことを八十島に注意されたこともある。でも、このときは違った。熱心にノートを取っていたのだ。後ろからは、下を向いて寝ているように見えたのかもしれない。

だが、八十島の性格的にここで反論しても意味がないと思った私は「はい、すみませんでした」と頭を下げた。とりあえずその場をしのげればいいと考えたのだ。

「ほら、そうだろ。嘘つくなよ。ホントに卑怯なやつだな」

八十島は吐き捨てた。「卑怯」という言葉が悔しく反論したくなったが、一度認めてしまったからにはもう何を言っても手遅れだ。そのまま黙っていると八十島が顔をのぞき込むようにして言った。

「おまえ、警察官に向いてないんじゃないか?」

それまでも教官や助教から言われた*ことはあった。だが、それは勢いの中の言葉で、同期生たちもよく言われていたことであり、気に病むことはなかった。

しかし、同期生である八十島に言われた言葉は胸に深く突き刺さった。

某月某日 夢や情熱もないままに：警察官を目指したワケ

中学1年生のころ、仲のよい5~6名の友人たちと毎日のようにつるんで遊んでいた。放課後は近所で、休日になると電車で隣町に繰り出して戯《たわむ》れた。

ある週末、いつものように誘われた私はなんとなく面倒に思って、その誘いを

教官や助教から言われた 奈良原からはよく「嫌なら辞めろ」「代わりならいくらでもいる」「そんなんじゃ現場で使い物にならない」などと言われた。コンプライアンスの厳しい現在ではどうなのだろうか。一見温厚な歌木教官にも「あんたなんか辞めちまえ！」と怒鳴られたことがある。やさしいばかりでは教官は務まらないのだ。

断った。

週が明けて、いつものように登校すると友だちの雰囲気が一変していた。仲のよかった友人たちが突然よそよそしい雰囲気になったのだ。ふだんどおりに話しかけても暖簾《のれん》に腕押しで「ああ」だの「ふ〜ん」だのという言葉しか返ってこない。親しくしていたグループから外された私は教室内で行き場を失った。

私が誘いを断ったあの日曜日、彼らのあいだでどんな話し合いがされたのかはいまだによくわからない。

幸いにも直接的な暴力はなかったが、私のいないところで彼らが悪口を言っていることはなんとなく耳に入ってきた。

「自己チューだ」「なんか上から目線」「めんどくせーやつ」……。

そんなふうに言われると、もともと自分がそうだった気がしてくる。親にも先生にもなんと相談したらいいのかわからない。勇気を振り絞って、彼らに話しかけても反応は変わらない。私にはもう、どうすることもできなかった。

そのグループには小学校時代*からずっと仲のよかった友人もいて、たった1日で人間関係が激変してしまうことを知り、ただただ怖かった。

小学校時代
母は九州、父は東北の出身で、わが家は保守的な家庭だった。両親ともに高卒だったこともあってか、「いい大学に行けば、人生はうまくいく」という考えを持っていた。それは学歴コンプレックスともいえるもので、「勉強しなさい」と口やかましく言われ、小学生時代から平日はほぼ毎日塾に通わされた。

2年生になり、クラス替えで状況は変わった。それでも唐突に変わってしまう人間関係を恐れて、人と仲良くなるのが怖くなった。人間関係に深入りすると、どこかでしっぺ返しが来る気がして、できるだけ表面的なつきあい方を好んだ。当たりさわりのない会話の往復が2、3回ほどできれば、その人との関係が確認できる。それで十分だった。そんな高校時代をすごした私は、弱い自分をなんとか変えようと、大学*で合気道に励んだ。

合気道を通してのつきあいだけは、心と心が通い合うような気がして、大学の道場だけでなく、いくつかの社会人道場にも通うようになった。

当時、愛読していた『グラップラー刃牙《ばき》*』に登場する警察官のセリフに「武道は仕事の一環だ」というものがあり、なんとなく警察官に興味を持つようになった。就職先として、公務員で安定しているというイメージもあった。私には警察学校の同期たちのような、警察官への夢や情熱はなかったのだ。

大学4年の就職活動時、いくつかの警察を受け、警視庁と神奈川県警と大阪府警に合格した。

警視庁の面接を受けた際、面接官がたまたま大学の合気道部のOBだった。運

大学
幼少期より両親から勉強しろと繰り返し言われ続けてきたが、現役で明治大学に入学すると、両親も満足だったのかもう何も言わなくなった。だが、大学に入学することがゴールだった私は燃え尽きかけた。そんな私を救ってくれたのも合気道だったような気がする。

グラップラー刃牙
「週刊少年チャンピオン」連載中の板垣恵介氏による人気格闘漫画シリーズ。この作品中に登場する「片平恒夫巡査」が私が警察官になったきっか

命的なものを感じ、合格通知を受けたタイミングで迷わず警視庁を選んだ。つまり、警察官を目指したのも、警視庁に入ったのも、成り行きだった。

八十島が言うとおり、この程度の考えで警察官を志す私は甘いのではないか。そもそもこんな自分が警察官になる資格があるのだろうか。だとしたら、今、必死になって警察学校にしがみついている意味はいったいなんなのだろう。田之上君のように早いうちに身を引いたほうがいいのではないか。

このとき初めて「退校」という言葉が脳裏に浮かんだ。

同時に、警察官になると親や地元の友だちに大見得を切った手前、ここで辞めるわけにはいかないという思いもあった。そして、そんなふうに「建て前」ばかりを気にしてしまう自分も嫌だった。

この時期、寮の布団に入っても、自分の将来についてとりとめのない考えが次々に湧き出てきて、なかなか寝付けない日々が続いた。

けの一つ。アニメシリーズの同巡査の声はキャイ〜ンの天野ひろゆき氏が担当。ほかにも『魁!!男塾』も部室にあり、勉強そっちのけで愛読していた。「男塾のような熱い友情物語が警察にはあるのではないか」という淡い期待があった。

某月某日　**拳銃検定**：警察官になる覚悟

　このころの私はつねに睡眠不足気味だった。拳銃係も、田之上君が辞めた分の仕事が私にのしかかってきた。だが、それよりも励まし合う仲間がいなくなったことが寂しかった。寝不足と大きな不安を抱えたまま、私は拳銃検定の日を迎えた。

　空気がぴりつく中、的に向かって銃を構える。左手の親指で撃鉄を起こし、右手の人差し指に徐々にぎゅうと力を加えていくと、カチッという音と同時に撃鉄がバネの力で戻り発砲音が響く。

　ど真ん中に命中！

　寝る前は毎日のように雑念ばかりの私も、この検定日だけはなぜか一射ごとに集中することができた。

　順調に点数を重ね、あと一射を残した状態で合格点に達することができた。こ

うして私は中級を得た*。グラグラに揺らいでいた警察官になるという覚悟が少しだけ固まったような気がした。

その夜、寮の部屋で、私は以前、田之上君から聞いていた、彼の携帯番号*に電話をかけた。中級に合格したことをなんとしても田之上君に伝えたかったのだ。

コールが繰り返される。なぜか私は初恋の人に電話をしたときのようにドキドキとしていた。出てくれるのだろうか。もしかしたら、私のことを恨んでいるのではないか。変な心配がよぎる。

「はい」数週間ぶりに田之上君の声が聞こえてきた。

「突然ごめん。今どうしてるの？」

「実家に戻ってきて休んでいるよ」

どうして辞めたのかを聞きたかったが、そのことには触れてはいけない気がした。

「中級、受かったよ。一緒に拳銃係やってただろ。だから、それだけを伝えたくて」

「おめでとう。安沼君ならやっていけるよ」

中級を得た
検定を終えても拳銃の授業は続く。ほかにも大型スクリーンに映し出されるシチュエーションをもとに警告や威嚇射撃を行ない、適切なタイミングで撃つ「拳銃シミュレーター」など多様な訓練がある。とはいえ、99・99％の警察官は拳銃を使用することのないまま退職の日を迎える。私も約20年間の警察人生で拳銃を構えたことはおろか、武器として警棒を使ったことすらない。

携帯番号
2024年現在、警察学校では、個人の携帯電話は平日は教官や助教に預けておき、週末だけ手元に戻ってくることになっていると聞いた。この当時は寮の居室内では自由に使うことができた。

そこで間ができた。お互いにどこかぎこちなく、淡々としたやりとりだった。ついこの前まで隣にいたというのに、はるか遠くに離れてしまった気がした。電話を切ったあと、私は少し泣いた。

某月某日　**渋谷駅前交番**：現場実習・日勤篇

警察学校生活も折り返しをすぎると、現場実習*が行なわれる。

全8教場、総勢300名を超える同期がシャッフルされ、3～6名程度の班に分けられて都内の各署に派遣される。都内と一言でいっても、新宿・渋谷といった繁華街から、あきる野市や奥多摩町のような辺鄙《へんぴ》な場所まで、実習先はまさに〝ガチャ〟である。

私の実習先は渋谷署だった。私のほかに5名が渋谷署に派遣されることになった。生まれも育ちも神奈川の私だが、大学時代には渋谷署にほど近い合気道道場に通っていたので多少土地勘がある。

現場実習
実習前には地域警察官の必携アイテムを用意するように奈良原に指示された。「署長訓受でメモ取るときに安っぽいメモ帳じゃ失礼にあたるだろ。だから革張りのA4ノートにしておけ」「あんまり高級そうな腕時計をつけていると目を付けられるぞ。時計は安っぽいスポーツウォッチにしろ」…体裁にこだわる奈良原は持ち物を事細かく指定

「俺、渋谷なんて中学のときに家族旅行で1回しか行ったことないぞ」不安がる山形県出身の同期・里村君に、「そんなに心配すんなよ。すぐ慣れるよ」なんてエラソーにアドバイスするくらいの余裕はあった。

派遣初日、渋谷署の教養係（実習生や転入者の受け入れなどを行なう部署）が同行して、私を含め6名の新人がぞろぞろと渋谷署内であいさつ回り*をし、管内の説明を受ける。そして、最後に翌日からの実習先交番が発表される。

「里村君は、宇田川ね」「三宅君は、道玄坂」「安沼君は、渋谷駅前」……。

1日約300万人が利用する渋谷駅とその周辺を受け持つのが渋谷駅前交番である。警視庁のホームページによると、道案内は1日平均約2000件、多いときには3000件にものぼる。ホームページには「すり、置引き、万引き、痴漢、けんかなどの犯罪が多発しており日本でも有数の『忙しい交番』となっています」とも書かれている。

その渋谷駅前交番での勤務初日は日勤からスタートした。6名揃って、いったん渋谷署に出勤し、指示などを受けたあと、実習生たちは派出所ごとにバラバラに分かれていく。私は、交番所長*（通称・ハコ長）を筆頭に警察官5名で、渋谷

し、われわれはその指示どおりに準備した。

あいさつ回り
最初に署長に「申告」が行なわれる。申告要領は細かく決められており、署長室に入る際、先頭の者が「入ります」と言ってから順に入り、最後の者が入り終えて「入室終わり」と言ったら、最初に入った者が「敬礼」と言い、全員揃って敬礼し、「警察学校学生××巡査ほか▲名は…」といった感じで「申告」を行なう。派遣の前日、奈良原に練習をさせられ、及第点に達するまで何度も何度もやり直しをさせられた。

交番所長
通常の交番には階級が巡査部長以下の者しかいないが、一部の主要交番には警部補である交番所長が就いている。ちなみに他県には警部がいる「警

署から歩いて渋谷駅前交番に向かうことになった。

ふつうの交番だと日勤は1～2名で、夜勤は仮眠休憩をとる必要があるため2～3名という場合がほとんど。大所帯でぞろぞろ出勤というのは渋谷駅前交番ならではだ。

平日の午前中から行きかう人、人、人……。交番前に立った瞬間から、地理案内攻めに遭う。「道案内、1日3000件」は伊達じゃない。

「パルコどこですか?」「文化村はどこすか?」「マルキューてどこぉ～?」

警察官に若葉マークはない。私が実習勤務だということなど、誰も知るよしもなく、老若男女問わず、次々に質問が飛んでくる。

意外に多かったのが「ハチ公はどこですか?」という質問だった。渋谷駅前交番から見渡せる位置にあるのだが、ひとだかりがすごくてまず見えない。

答えやすい質問が多くて、私くらいの土地勘でも十分対応できる。山形出身の里村君は大丈夫だろうか、なんて心配をしながら、次々にさばいていく。

1時間ほどすぎたころに、20歳前後の若者2人組が近づいてきて、

「ウチら大阪から来たんやけど、なんかオススメありますか?」。


部交番」という交番があり、一部では免許更新なども扱っているそうだ。もはや小さい警察署である。

知らんがなと思いつつも、「センター街とか行かれる方が多いですね」と無難に返すと「なんや、ベタやな」と２人で顔を見合わせながら立ち去る。礼くらい言ってほしいものだ。

ふと、視界の隅に黒い集団の一行を捉える。20人ほどの男たちが全員黒スーツに黒いサングラスで決め込んでいる。

「なんだ、ありゃ？」交番の先輩も気になったようで奥から出てきた。

「安沼巡査、アレ何やってるか聞いてきて」

というわけで、私は人生初の職務質問をすることになった。

のこのこと黒集団に近づく。年齢は全体的に若いが、10代もいれば、30代以上もいたりとばらけた印象。格好からすると明らかに同一目的を持った集団だが、みんな仲間というふうではなく、どこかよそよそしい。警察官が近寄ってきたことに気づいた集団の代表者らしき男性があわてて駆け寄ってくる。

「何かのイベントですか？」

「これは、みんなでスクランブル交差点を歩こうという企画でして」

「オフ会*的な？」

オフ会
当時、「2ちゃんねる」から発生したオフ会が流行していた。「大盛りネギだくギョク」をいっせいに注文するという「吉野家オフ会」が有名。このとき遭遇したのは、キアヌ・リーブス主演のヒット映画「マトリックス」パロディのオフ会だと推測される。

「まぁ、そんなとこです」

そんなやりとりをしていると、黒集団の中の数名がニヤニヤしながら、その様子をケータイカメラで撮影している。撮影されていることよりも、そのニヤけた表情にイラッとするが、ぐっと我慢だ。

最近では一般の人にもよく知られるようになったが、職務中の公務員は肖像権が制限され、撮影すること自体に違法性はない。任意で撮影を止めるように言うことしかできないし、このときも撮影された際の対応マニュアル*などは存在しなかった。

「周りの迷惑にならないようにお願いしますね」

あくまでも丁寧にそう伝えると、代表者はペコリと頭を下げた。

周囲からは奇異の目で見られながらも、黒集団はいっせいにスクランブル交差点を渡り、そのまま渋谷の街へと消えていった。

あっという間に昼をすぎたところで、遅めの昼食タイムになる。

どの交番でもそうだが、昼食は出前や弁当配達を頼むことが多い。残念ながら今のところ交番勤務員は私物のスマホは持ち込み禁止だ。ケータイでウーバー

撮影された際の対応マニュアル
最近、警察の職質動画がネット上にいくつもアップされるようになり、ここ数年で対処法についての通知が出された。基本的には相手に撮影を止めるように説得するしかない。個人的には日本の警察もアメリカのように顔カメラを装着して、動画として記録するべきだと考えている。ちなみに東京拘置所では一部の刑務官が顔カメラを装着するようになった。

イーツ、というわけにはいかない。

配達弁当が届き、先輩方とともに束の間の休息。初めて交番の先輩たちとゆっくり話せた。50代のハコ長、40代の主任2人と、20代の班長*と私の5人で弁当をかきこむ。年齢も階級もバラバラの先輩たちからは「出身はどこ?」「彼女いるの?」「警察学校では何係?」と次々に質問が飛び交う。

私が拳銃係であることを話すと、班長が「拳銃教官は木津さんだろ? よろしく言っといてよ」。警察は狭い社会*なのだ。

1時間の昼食休憩が終わるとすぐに午後の地理案内が始まり、大きなトラブルもなく、午後4時、夜勤の交替員がやってきて引き継ぎ。渋谷署に戻り、拳銃を納めて、午後5時に初日の業務が終了。まさにあっという間の1日だった。

某月某日　110番は鳴りやまない：現場実習・夜勤篇

2日目の現場実習は夜勤だ。午後2時に署に出勤し、書類の準備をして、指示

班長
所轄署では警部補のことを係長、巡査部長を主任、巡査長を班長と呼ぶ。

警察は狭い社会
ほかにもあいさつ回りに行く先々で「××助教によろしく言っといてよ」とか「□□教官、元気?」などと言われた。警察学校に戻ってから実際に教官や助教にその旨を報告すると、「おお、あいつ元気でやってっか」と破顔するのだった。その一方、「えっ!? あいつ、変なこと言ってなかったか?」と警戒する教官もいた。変なことでもしたのだろうか。

を受け、午後4時に交番に到着、日勤メンバーと交替。渋谷駅前交番では、夕方から夜にかけてさらに人通りが多くなる。一般的な交番では終電後に人の流れが落ち着くのがふつうだが、繁華街ではむしろここからが本番。

110番がひっきりなしに続く。深夜0時すぎ、近隣の住民から「若者が騒いでいてうるさい」という苦情が入り、先輩巡査と2人で現場に向かう。

居酒屋の前の路上で若者4〜5人が車座になってビール片手に酒盛り中だ。

「ご近所の方から苦情が入っていますので、解散してもらえますか」

先輩巡査が穏やかに声をかけると、酒に酔った若者たちは「マジで?」「話してるだけなんですけど?」「悪いっすか?」と口々に言いながら立ち上がる。

「学生さん? 身分証あります?」先輩が言うと、

「言わなくちゃダメ?」「俺たち捕まんの?」「法的根拠は?」

軽い調子で茶化してくる。私は苛立つが、先輩はこんな対応には慣れっこなのか、表情を変えずにいる。

厳密に言えば、「酒に酔って公衆に迷惑をかける行為の防止等に関する法律」(通称・めいき法)などで現行犯逮捕をすることもできなくはないのだが、忙しい署なので、そこまですることはない。若者たちも落ち着いてきたところで、「もうお開きにして、ちゃんと帰りなさいよ」と注意しておしまいだ。

なお、このように110番が入り出動した場合には、渋谷署の無線司令室（通称・リモコン）への報告が必要になる。先輩は無線を取り出し、

「若者数名が騒いでいる状況。解散するように指示して現場処理。氏名等を聞くも語らず」といった具合にてきぱきと報告を済ませた。*

午前1時をすぎても110番は鳴りやまない。

酔っ払い同士のケンカが発生とか、酔客が店から出ないという苦情などの処理が続く。単なる騒音苦情だと1人で臨場することもあるが、ケンカの通報だと最低でも2人で臨場する。4〜5人以上の乱闘だと、それ以上の人数で対応することになるが、そういう通報があるとパトカーが緊急走行で向かったり、近隣交番から応援が駆けつける。向かえる人から順次向かうわけだ。*

午前4時すぎ、20代のスーツ姿の若者2人が交番にやってきた。スーツも乱れて、かなり酔っている。

「こいつに殴られてケガしたんですけど」

報告を済ませた
氏名を聴取できた場合はあわせて電話で署の無線司令室に報告。するとリモコンの係長が110番処理結果をパソコン入力して完了となる。入力した情報はデータベース化され、いつでも検索できるようになっている。110番したのに対応してくれなかったなどという苦情を防ぐためでもある。

順次向かう
たまたま単独パトロール中にケンカ騒ぎに遭遇した場合は応援の到着を待ってから対応。たとえば、1人が複数人から一方的に暴行を受けているような場合はこちらが1人でもすぐに対応しなくてはならない。

「いや、最初に手ぇ出したのはこいつなんで」
「おめーだろ。こっちは血が出てんだろ。傷害罪だろ。おまわりさん、こいつ傷害罪で捕まえてもらえませんか？」
「ふざけんじゃねえ！　てめえ、何言ってんだ。殺すぞ！」
「何言ってんだ。やってみろ。こいつのこと訴えるんで捕まえてもらえませんか？」……。

われわれ警察官の前でそんなやりとりをしている。どうやら会社の同僚で酒を飲んだあと、口ゲンカから殴り合いに発展したらしい。実際に片方の男性の口には血がにじんでいて、暴行罪という形で逮捕まではいかなくとも書類送致することも可能ではあるが、渋谷でそんなことはやっていられない。

数十分にもわたって「おまえが悪い」「訴える」という論争をする若者のやりとりを見守りながら、ちょうど始発が動き出したこともあり、先輩が「ケンカ両成敗」ということでうまく言いくるめて帰らせる。

本来なら交番の2階で交替しながら仮眠休憩を取るのだが、この日は誰ひとりとして休憩室に上がらなかった。この交番にそんな暇はないのだ。先輩方は2階へ向かう階段のところにそれぞれの荷物を置いており、勤務当初これでは2階へ上がるときに邪魔なのではと思っていたが、そもそも2階に上がることがないのかと妙に納得した。

朝10時、交替員がやってきて任務が終了。午前11時に渋谷署を出たときには解放感につつまれる。こうしてヘトヘト*になりながらも交番実習を無事に終えた。

渋谷駅前交番での実習は、体力的にはきつかった。だが、忙しいながらもいきいきと働く先輩たちの姿は大きな刺激になった。警察学校の中でモチベーションを失いつつあった私に、入学前の初心を取り戻させてくれた。現場でこうして汗をかくのも悪くないと思えた。初めて警察官への憧れが生まれたといえるかもしれない。

渋谷署での現場実習は1週間。その日程の中には「パトカー実習」があった。パトカーの後部座席に乗って、半日かけて渋谷の街を回るのだ。パトカー実習が終わったところで、渋谷署の教養係*の人がカメラを片手に待っていた。

「みんな、パトカーの前に並んで」そう言われ、われわれ実習生6人はパトカーの前に陣取った。

ヘトヘト
渋谷駅前交番での実習の夜勤明け、ヘトヘトで警察学校の寮に帰ったとき、門に立っている当直教官に「シャキッとせい！」と怒鳴られた。渋谷駅前交番への実習だったと説明すると、「そうか、それはご苦労だったな」と同情された。

教養係
教養係は各署に配置されていて、だいたい警部補1人、巡査部長1人の2人体制が一般的。実習生の受け入れ、署員向けの各種講習などを行なっている。

「笑顔で敬礼ね」そう言ってシャッターを押すと、実習最終日に現像されたパトカー乗務の記念写真をプレゼントされた。根が単純な私はこのプレゼントに感激*した。

警察学校に戻り、郊外の署に派遣された同期たちが「暇だった」とか「交番で5時間も寝たよ」などと言っているのを聞いて、渋谷に行き、最前線の現場を体験できた自分は幸運だと思えた。

どんなことがあっても警察学校を卒業し、現場の一線で警察官として汗をかく。私は決意を新たにした。

某月某日　腰撃ち：現場以外での使用

「何か面白いことをやれ〜い」

午前0時、男子寮*。酔っ払った奈良原が寝ぼけ眼《まなこ》の男子学生たちに無茶ぶりをする。明日も厳しい訓練が待っているわれわれは、できるだけ早く「課題*」をこ

このプレゼントに感激
あとで聞いたところによると、例年、現場実習後に辞める者が少なからずいるらしい（幸い、私の期ではいなかった）。現場の厳しさに恐れをなすのかもしれない。実習が原因で辞められたら、派遣先署にとっては責任問題になるため、あの手この手で〝サービス〟するのだ。現場も新人獲得のために涙ぐましい努力を重ねているわけだ。

男子寮
寮は外出禁止ではなかったものの、さまざまな課題が課せられるうえ、制

なして寝なければ……。

警察学校内は飲酒禁止だ。自宅が遠方の奈良原は、近所の居酒屋へ飲みに行って遅くなると、家に帰らず寮の空き部屋に泊まることがあった。すると、暇を持て余した奈良原が各部屋に声をかけて、こうした「課外訓練」がスタートするのだ。

「現場に行ったら、夜だろうが休憩中だろうが事件が入るんだ。眠いから行けませんなんて言えねえんだ」

奈良原はそう言ったが、私には暇つぶしにしか思えなかった。

八十島をはじめとした体育会系の連中は心得たもので、芸能人のモノマネをしたり、芸人の一発ギャグを大声で叫ぶなど、さまざまな持ちネタを披露していく。もうすぐ私にも順番が回ってくる。学校内では日陰者キャラである私には照れもあり、何をしようか戸惑っていた。

「まあいいんだけど、おまえらちょっとパンチが足んねーな。俺が見本、見せてやろうか」

酔った奈良原はおもむろに立ち上がり、「空にキラキラお星さまぁ〜」とダミ

服のアイロンがけなどの雑事も多く、出かける暇自体がない。実質外出禁止のようなものであった。

課題
奈良原の無茶ぶり「課題」とは別に教場でも課題がある。たとえば、毎月行なわれる全教場共通の漢字テストがある。「窃盗」「詐欺」といった警察用語や、「回向院（えこういん）」「碑文谷（ひもんや）」「砧（きぬた）」など、都内の難読地名（名所）などが出題される。基準点を取れなかった者は次回の漢字テストまで週末を含めて外出禁止といったわが教場だけのブラックルールもあった。

下ネタ好きの奈良原
警察学校にはたまに男女別の授業がある。女子が「女性警察官としてふさわしいメイク講座」の授

声で「おもちゃのチャチャチャ」を歌い出した。そして、サビの部分に来ると「おもちゃのチャチャチャ」を「大人のオモチャ」と言い替えながら、頭をブンブン振ってバイブレーターの真似をした。私は白けた気持ちで眺めていたが、ほかの生徒たちは爆笑し、奈良原もまんざらでもなさそうに上機嫌になった。

「それじゃあ、次、安沼な」

奈良原が愉快そうに私を指名した。何も思いつかない……。私は追い詰められて焦った。そして、苦し紛れにネタをひねり出した。

片ヒザを地面につき、「腰撃ちぃ！」と叫びながら腰をカクカクと前後に動かしたのだ。拳銃の「腰撃ち」と性行為を重ね合わせた、要は下ネタだ。奈良原が直前に披露した下ネタに感化されたのだ。警察学校内では、女子の目がないところでこうした下ネタがわりと頻繁に行なわれていた。

キャラに似合わないネタだったためか、それが思いのほかウケた。

「安沼、やればできるじゃねえか！」

下ネタ好きの奈良原*も手を叩いて喜んでいた。こんなことで私は初めて奈良原に褒められたのだ。

業をしているあいだ、男子は奈良原の特別授業を受けた。女子不在をいいことに奈良原は「昨日、かあちゃんとヤったんだけど」などとさんざん下ネタを話した挙句、「おまえらはここで彼女なんて作ろうとするんじゃねえぞ！」と釘を刺した。密かに相沢さんを狙っていた私はドキリとした。ちなみに意気地なしの私は結局、最後まで相沢さんに思いを伝えることができなかった。

ご褒美シュークリーム 菓子は警察学校内の売店で売っていて、居室内への持ち込みも可だったが、わが教場では奈良原のブラックルールで菓子禁止だった。ただ、ストレスまみれのわが教場の学生は隠れてボリボリ食べていた。シュークリームは売店にも売っていないので有難味はあるが、夜中午前1時半、課題を無事にクリアして自室に戻った私は、奈良原が駅前で買ってきたというコージーコーナーのご褒美シュークリーム*を頬張るのだった。

某月某日　正直者が損をする：「ふぁい」処世術

警察学校では、大講堂で外部講師による講話を聴く機会がたびたびある。警察OBによる現場でのエピソードとか、メンタルヘルスの専門家の講義、お寺の住職の説法とかで、きちんと聞けば役に立つ*のだろうが、常日頃から心身ともにすり減らしてる生徒たちはどうしても眠気に襲われる。しかも講堂の椅子は、教場のスタッキングチェアと違ってフカフカなのだ。

通常の授業であれば、教官や助教の厳重監視のもと、居眠りなどすぐに発見され、制裁を食らうが、外部講師の手前、彼らもおいそれとは動けない。だから、外部講師による講話はちょっとしたボーナスタイム*でもある。

外部講師のありがたい講話中、後ろの席の八十島の鼻息が聞こえてくる。どう

に叩き起こされてまで食べたいものではない。

きちんと聞けば役に立つ　唯一、ある交通事故被害者遺族の話は今でも記憶に残っている。交通事故で息子を亡くしたお母さんで、感情的になることなく、淡々と遺族の喪失感と悲しみを語ってくれた。彼女は警察にどうしてほしいとも言わなかったが、それゆえ、警察官として自分に何ができるのかを考えるきっかけになった。

ボーナスタイム　毎月の大まかな授業スケ

やら私より一足先に彼もボーナスタイムに突入しているようである。そして、私も八十島の鼻息を子守唄にいつのまにか船を漕いでいた……。

講師が退場したあとで、顔色を変えた奈良原が壇上に立つ。

「寝てたやつが何人かいるな。寝てたやつは名乗り出てこい！」

ざわめく講堂。そのひとりでもある私は体をビクつかせる。周囲を見回すと、数名が立ち上がり、おずおずと壇上にあがっていく。

「俺はこの目でしっかり見てたからな！」

奈良原は生徒を見渡しながら念を押す。私と目が合った気がする。これだけの数の生徒がいれば、一人ひとりチェックなどできるはずもないのだが、奈良原に見抜かれたと感じた私も仕方なく前に出る。後ろを振り返ると、八十島は素知らぬ顔をして座っている。おいっ、おまえも寝てただろ。……この場でそんなこと言えるわけもない。

名乗り出た10名ほどの正直者たちを前に、奈良原が告げる。

「名乗り出た者はコレで不問に付す！」

コレ＝ビンタであろう。通常であれば、反省文を書かされるところ、それがな

ジュールと、週ごとの詳細な授業スケジュールはプリントで配布される。そこに講堂での外部講師の講義予定があると、生徒同士で「ここ、いけんじゃね？」などと軽口を叩きあう。ただし、同じ講堂での講義でも、学校長の場合は甘くない。助教による監視もいつもより厳しくなり、油断すると強烈な制裁を食らうことになる。

いだけまだマシか……。最初は嫌悪感と衝撃を受けたビンタも、食らい続ければ人間それが当たり前になるものなのだ。ビンタ1発で済むならラッキー！

1人ずつ音が鳴り響く豪快なビンタを食らい、いよいよ私の番。奈良原を目の前にしてささやかな反抗心が芽生える。首に渾身の力を込めて、ビンタを受け止めてやる！

ベンッ！　聞いたことのない嫌な音がして、奈良原が首を傾げる。奈良原にパンチされたとき以上の強烈な痛みが顔全体と首を襲う。翌日から1週間ほど、軽いムチウチ状態が続いた私は、ビンタには受け方のコツがあることを知ったのだった。*

人間は不思議なもので、どんな過酷な環境下でも耐性ができてくる。相変わらず怒られてばかりだが、それが当たり前と思えば、楽になってくるのだ。そして、「はい！」と勢いよく返事さえしていれば、どんな場合もなんとかなる。それが警察学校の処世術だった。

その一方で、当初はこの世界に違和感を覚えていた自分が、だんだんと警察学校の色に染められていくのも嫌だった。助教の指示に対しての「はい！」が勢い

ビンタには受け方のコツがある
タレントのYOUさんがある番組で「浜田（雅功）さんのビンタは痛くなかった」と言っていた。手首のスナップを利かせて頬だけをペチンと叩くといい音はするが、それほど痛くないそうだ。バラエティー番組のテクニックなのだろう。このときの奈良原のビンタは水平に顎全体を打ち抜く、ボクシングのフックのような「非バラエティー」ビンタであった。

余り、「ふぁい！」という独特の発声がすっかり身についてしまったのが気持ち悪かった。

それでもあまり深く考えずに、何事にも大声で「ふぁい！」と答えていれば、この世界では楽に生きていくことができる。賢い人間や誠実な人間よりも、いつでも「ふぁい！」と答えられる人間が可愛がられる世界。ここでは、迷ったり、疑問に感じたりしないことがうまく生きるコツなのだ。

この場に慣れていく自分と、反発する自分。2つの自分のあいだで揺れながら、私はゴールである卒業式が近づくのを指折り数えて心の支えにした。

某月某日 **解放感**：女子学生が披露したマル秘ネタ

卒業式の前日。警察学校で迎える最後の夜、どの教場にも学生が集まり一人一人が卒業を迎えての所感を述べる。中には感極まって言葉に詰まる者もいる。いつもはけわしい表情の奈良原も涙をこらえているようにも見える。

しんみりとした空気を切り裂くように奈良原がパンパンと手を叩いた。

「おいおい、せっかくの門出だ。いつまでもしんみりしてんな。よっしゃ、演芸大会やるぞ！」

今思えば、泣きそうになってしまった奈良原の照れ隠しだったような気もする。八十島たち中心メンバーも「よし」と乗り出してきて、わが歌木教場ではなぜか演芸大会が始まった。

数人の女子グループが先陣を切る。彼女たちは横一列に並び、列の整頓を始める。直立の姿勢から顔だけを右に向け、一番右の者を基準に前後のズレがないように微調整を行なう。最右翼は「教導」と呼ばれ、顔を左に向けて、全体のバランスを見ながら、右から数えた番号を指定して「前《まえ》」とか「後《あと》」などと指示をする。嫌になるほど叩きこまれた「教練」の基本動作*の一つだ。

「3番、前！」「5番、後！」とキビキビした号令が響く。あれっ？　でもなんかヘンだ。本来なら、横一線になるはずなのに、前後のズレがだんだん大きくなっていく。

「2番、意外とあるな。後へ！」2番員ははにかみながら後ろへ下がる。数名が

「教練」の基本動作
これを「自己整頓」と呼ぶ。教練は通常、教場ごとに3列横隊で並んでおり、最初はきれいに整列した状態で始まるが、行進をすると列に乱れが生じるので、いったん停止したあとなどにこの自己整頓を行ない、つねに横一列がきれいに揃うように整える。

その意味に気づいて、クスクス笑いが起こる。彼女たちはそれぞれの胸の凹凸に応じて〝先端〟が横一線になるように調整しているのだ。

「3番！」凹とまではいかなくとも凸が少ない女子が指名され、「前ぇぇ！」の号令で3番員がズズズと前に出る。そこで教場は爆笑の渦に。

今ほどコンプライアンスが厳しくないこの時代でも、学校内でそういうネタは御法度だった。とくに男子から女子への性的な視線はタブーでもあった。もうすぐ卒業という解放感につつまれ、彼女たちの体を張ったネタで教場は大盛り上がりとなった。

「安沼、アレやれよ」誰かがニヤつきながらそう言うと、歌木教官まで反応して「なになに？　安沼君、それやってみてよ」と乗ってきた。奈良原をはじめとする男性陣はみなニヤニヤしている。

仕方なく私は「腰撃ち」を披露した。

結果は……想像におまかせしよう。かくして私は現場に出る前に腰撃ちをして、〝殉職〟しかけることになった。

某月某日

涙の卒業式：いい思い出なんてないけれど

警察学校の卒業間近になると、現場に出ることへの不安だったり、仲良くなった同期たちと離れたくないという思いから、卒業ブルー*になる生徒が出てくる。あの八十島でさえも「もう終わっちゃうのか。意外と早いもんだな」と感傷的になっている。

しかし、私は早くこの閉鎖的な教場から脱出したい一心だった。奈良原の恐怖政治と同調圧力に支配された教場。いつも同じ連中でつるんでいる体育会系気質の同期たち。そこに少しずつ染まりつつある自分自身も含めて、私にとってはすべてが嫌だった。

待ちに待った卒業式当日。やっとこの狭苦しい世界から半年ぶりに脱出できる。私にとって喜びの日がやってきた。

大講堂での長いあいさつや答辞を終えると、校舎前広場で最後のセレモニーが

卒業ブルー
映画「ショーシャンクの空に」に「シャバに出たくない」と言って騒ぎを起こす囚人が登場する。これに近いとは言わないが、警察学校の閉鎖的な生活に慣れてくると、それが逆に楽だと感じてくるのだ。とくに学生同士の仲が良い教場ほどこの傾向が強いと聞いたことがある。私の場合、一刻も早く奈良原や八十島から離れたかったので、卒業ブルーはまったく感じなかった。

行なわれる。「いい日旅立ち」のＢＧＭが流れる中、生徒が１人ずつ教官・助教と握手を交わしていくのだ。

それと並行して、生徒たちは迎えのクルマに自分の手荷物*を運び込んでいく。警察学校には、生徒それぞれがこれから配属される署の署員がクルマで迎えに来る慣習がある。卒業式後にクルマに乗って配属署に直行するのだ。

３００名の生徒たちが思い思いに荷物を運んだり、別れを惜しんだりしている。歌木教場の同期たちも男女関係なく握手を交わしたり、抱擁しあっている。八十島は人目もはばからず同期たちと次々にハグしている。照れ臭くなった私は抱きつこうとする同期たちを手で制して、握手でお茶を濁す。

これでもう奈良原とも八十島とも会わなくて済むんだ。ようやく終わりだ。清々《せいせい》した。奈良原には何発ビンタを食らっただろう。八十島にもさんざんバカにされた。半年におよぶ苦労の日々がよみがえってくる。

八十島との抱擁を終えた奈良原が私に近づいてきた。ここで何をしたって、もう二度と会うこともないだろう。最後の意地で、思いっきり睨みつけてやろうと思った。

自分の手荷物
寮の荷物はあらかじめダンボール箱に詰めて卒配署に送ってある。業者は学校から斡旋があり、注文しておくと卒配の日までに卒配先に届けておいてくれるという段取りのようだ。卒配先に届けられた荷物は先輩が中まで運ばなくてはならないので、「ダンボールには『よろしくお願いします』と書いておけ」と奈良原から指示された。

所轄へと旅立つ
基本的には各署の教養係が迎えに来てくれる。私の場合は、なぜか剣道の先生（助教）だけがやってきた。剣道助教だけは

奈良原は何も言わず右手を差し出してきた。私がそれに応えると、奈良原は力強く握り返した。突然、涙が込み上げてきた。こんなやつの前で泣いてたまるか。我慢しようと思ったが、堰《せき》を切ったように涙が頬を伝った。

「なんだ、泣いているのか」

奈良原が軽く私の肩を叩いた。

「ありがとうございました」

消え入りそうな声でそう言うのが精いっぱいだった。

こうして私は所轄へと旅立つ*ことになる。

＊臨戦態勢なのか、上下ジャージ姿だった。「よろしく～。ちゃっちゃっと荷物をクルマに積んじゃってね」と軽い調子で言われ、卒業式後、府中から隣の調布までクルマで20分、涙も乾かないうちに調布署に到着した。到着時には署員総出で新人を出迎えるのが慣例になっていて、到着する旨を連絡するのだが、剣道助教は運転しながら堂々と携帯で通話していた。

第2章

配属ガチャ、ハズレました

某月某日　**着任**：「おんめぇもそう思わねえか？」

「安沼君はフダだな」

地域課長にそう告げられたのだが、最初はなんのことだかわからなかった。話を聞いているうちに、それが布田交番を指すのだとわかった。聞いたことのない地名で、どんな場所なのか想像もつかない。

調布署に着任した同期は8名。数日間、署長や各課長からのオリエンテーションがあり、その最終日に「地域1～4係」への配属が発表となる。私は「地域1係、布田交番勤務」を命じられた。

警視庁管内の交番は（駐在を除いて）すべて1～4係の4部制で4日のサイクルを回している。1係から4係までが順繰りに勤務につくわけだ。

1係は、夜勤明けの3係から交替し、その日の日勤が終わると4係がやってきて引き継ぐ。日勤は「第一当番（一当）」、夜勤は「第二当番（二当）」、夜勤明け

週休
夜勤の翌日は体を休める「非番」となるが、緊急

は「非番」と呼ばれ、交番などの交替制勤務員は「一当」→「二当」→「非番」→「週休*」の4日サイクルで成り立っている。たとえば、今日は1係が「一当」なら、2係は「週休」、3係は「非番」、4係は「二当」といった具合だ。このサイクルは警視庁管内では全署共通だ*（10月1日の日勤が地域1係なら、都内の交番はすべて地域1係員が勤務している）。

京王線布田駅にある布田交番。1係は、50歳くらいの浦口巡査部長と、40すぎの神宮司巡査長と、新人の私の3名。

浦口巡査部長は小柄で痩躯、カチッとした七三分けに白髪混じりの頭、ふだんはムスッとしているが、たまに笑うとホワイトニングされたらしき歯が日焼けした顔の中、蛍光灯のように浮かび上がる。

神宮司巡査長は中肉中背、青森出身で「おんめぇよ〜」とときどきお国なまりがまじる。なんのこだわりか、手首にいくつもの数珠をつけている。神宮司巡査長が私の「指導巡査」となった。

調布署での指示が終わったあと、浦口巡査部長、神宮司巡査長とともに自転車で布田交番に向かう。勤務している3係の人たちに、「このたび卒配*しました安

で招集がかかれば出勤する必要がある。これに対し、「週休」は完全な休日という位置づけ。

サイクルは警視庁管内で全署共通
勤務についてみてわかったが、このシステムは他署の知り合いと予定を立てるときにとても便利だ。このサイクルだと「一当」の翌日が午後出勤の「二当」になるので、「一当」のあとはよく飲みに行った。ちなみに日曜日が夜勤に当たるときには早出当番といって朝からぶっ通しの夜勤となり、その分浮いた一当の係は休みになる。これで4週8休となるように帳尻を合わせているのだ。

卒配
卒業配置の略で、警察学校卒業後に各警察署に配置されること。新人警察官そのものを指す場合も。

沼です！」と元気よくあいさつして交替。

新人の私は、勤務表や交番点検表の作成要領、被害届や遺失届の場所などを、指導巡査である神宮司巡査長から説明される。

こうして〝布田交番勤務・安沼巡査〟の警察官人生がスタートしたわけだが、数日もしないうちに、交番内の人間関係がうまくいっていないことがわかってきた。

午後の勤務で浦口巡査部長と私が交番内にいたときのことだ。浦口は、交番内にある黒いブリーフケースをまさぐって、何かを探している。このブリーフケースは「書類カバン」と呼ばれ、交番内で作成された各種の書類を保管しておくもので、その書類は明け方にパトカーが回収していく。

浦口はカバンから「被害届*」を取り出す。午前中に神宮司の指導のもと、私が作成したものだった。

その書類を眺めながら浦口は「ああ、やっぱりな」などとぶつぶつつぶやいている。気になった私が「どうしましたか？」と尋ねると、それを待っていたように、

被害届
被害届は通称「タレ」と言われる。諸説あるが、秘伝のタレのように店によって違う、つまり書く人によって書き方が違って正解はないともされる。ただ、「こういう被害に遭った」と要点を簡潔に書くことが求められることには変わりはない。

六つの何で「六何」
新人の私は「そうなのか」と思ったのだが、のちに被害の模様は多様ですべてをこの型に当てはめるには無理があるのを知ることになる。「裁判

「こんなんじゃダメだ。ここ、〝ロッカの原則〟で書かなきゃ。これで裁判官がわかると思うか？」。

「はい、すみません」一応、そう返事をしたが、被害届はさきほど神宮司から及第点をもらったものだし、警察学校でも「ロッカの原則」なんて習わなかった。

浦口の言う「ロッカの原則」というのは六つの何で「六何*」つまり「いつ、どこで、誰が、何を、どうして、どうなった」のことらしい。

浦口は「神宮司はこんなことも教えないのか。ダメだなあ～。これじゃ、新人が育たんなあ」とおおげさにため息をついた。

ほかにも、拳銃を入れる簡易金庫のカギの場所を聞かれて答えられないと「神宮司は基本を教えてないのか」とぼやいたり、「神宮司はな、この署に来てから一度も検挙がないんだ。キミはああなっちゃダメだぞ」と嘆いたりした。そのくせ神宮司本人には直接注意したり、クレームをつけたりすることはない。すべて私に向かっての陰口なのだ。

浦口から神宮司への批判を聞かされるたび、私はむしろ浦口への不信感*ばかりがつのってくるのだった。

官がわかるか」についても、交番のおまわりさんが作成した被害届は犯人が捕まらないかぎり、署の保管庫にお蔵入りがふつうだ。犯人が捕まったとしても被害届の取り直しや被害者供述調書で補強され、裁判官の目に触れるまでに複数のチェックを経る。おまわりさん作成の被害届をそのまま裁判官が見ることなどほとんどないのだ。

浦口への不信感
この当時は個人の携帯電話が持ち込みOKで、同じ交番の人は緊急連絡用に連絡先を交換していたが、浦口だけはかたくなに連絡先を教えてくれなかった。休日に確認したいことがあり、連絡網にあった自宅の固定電話に電話したところ、「そんなことで電話してくんなよ」と強い口調で不満をぶつけられた。

一方の神宮司もクセのある人物だった。

卒配後、3カ月ほどは指導巡査と一緒に行動し、一連の業務を見て覚えていく。指導期間が終わるまでは単独行動ができない。だから、私はつねに神宮司と行動をともにすることになった。彼は、署の係長連中に敵愾心《てきがいしん》を持っていた。

「人に切符切れだのあれこれ言うわりに、あいつら暖房の効いた事務室でぬくぬくしてるだけじゃねえかよ～。おんめぇもそう思わねえか?」

何かにつけて係長たち（中間管理職）の悪口を言い、新人の私に同意を求める。仕事の愚痴も青森なまりでどことなく愛嬌があり、浦口にくらべると神宮司のほうがつきあいやすいといえるが、私からすると〝どっちもどっち〟だ。

警察学校時代、実習で行った渋谷駅前交番の警察官たちはいきいきと働いていた。愚痴をこぼしたり、ささいなことでいがみ合ったりしてはいなかった。忙しい交番ゆえの例外だったのか。私は着任して数週間のうちに配属ガチャに外れた気分になるのだった。

8時まで訓練
新人時代は仕事が多いのと要領が悪いため、シャワーを浴びる時間のないことも。こうなると、冬はまだいいが、夏場はかなりキツい。私のような汗っかきは交番に着く前からクタクタだ。私は柔道だったのだが、剣道の

某月某日　交番勤務の1日：日勤篇と夜勤篇

朝6時に起床。寮から徒歩2分で調布署に出勤。

朝7時に到着すると、まず署の道場を掃除。これが新人の役割だ。7時30分から、柔道と剣道に分かれて8時まで訓練*。訓練が終わると、シャワーを浴び、8時30分の出勤に合わせて拳銃金庫前に集合して拳銃を装着する*（これを通称「チャカ出し」という）。

朝9時、署長訓受。署によっては全員で署歌を斉唱するところもあるらしいが、調布署では署員の持ち回りで3分間スピーチ。そして署長の訓辞。当たりさわりのない内容がほとんどだが、どこかの署で不祥事*があったときには署長の熱量があがる。

「みなさんも他人事《ひとごと》ではなく、わが事と捉えて、くれぐれも気をつけましょう」とか、「退職金がパーになります」とか、「家族まで路頭に迷わせることになって

あの防具で汗まみれになると思うとゾッとする。夏場になり、柔道にしたのはわれながら賢い選択だったと痛感した。

拳銃を装着
新人はこの「チャカ出し」と同時に、交番に持っていく勤務表やポスター（交番に貼り出すもの）などの準備があり、あわただしい。

どこかの署で不祥事
不祥事が出るたびに対策が打ち出される。警察官の飲酒運転が発覚した際には、「飲酒は3時間以内」「はしご酒禁止」「非番の打ち上げ禁止」といったルールが制定された。それでも効果がなかったのか、あるとき、「飲み会後にちゃんと帰宅した旨を上司に報告」という規則が発表された。こうなるともはや小学生の遠足状態である。

しまいます」とか、しつこく注意される。署長としては自分の署から不祥事を出すことだけは避けたいのだ。

9時30分ごろ、いっせいに交番へ出発。*

朝10時、交番に到着し、夜勤明け勤務員（3係）との引き継ぎ。*無線機やカギの本数の確認、扱った事案の報告を受ける。引き継ぎが終わると、勤務表の作成などのデスクワーク。午前中は、110番がなければ、「巡回連絡」（パトロールと兼ねて各家庭を回る）や、交通取り締まりなどがメインになる。

午後、昼休憩をはさみ、午前で十分な〝取れ高〟（これについては後述）があれば、午後は切符などの処理をしながらまったりすごしたり、警ら（パトロール）に出る。110番があれば随時対応。*なければ、ほかの交番へ偵察。

午後4時ごろに夜勤者がやってきて交替。特別な事案がなければ、午後5時前には調布署に拳銃を納めて、定時で帰宅の途につく。

4日に1度回ってくる夜勤の場合は、署への出勤は午後2時。体力的には日勤のほうが楽だが、夜勤だと日曜日の早出当番以外は昼まで寝ていられるので気楽

交番へ出発
この時間に出発しないと、交番到着が遅れ、夜勤明けの勤務員を待たせてしまうことになる。だが、署長の話が長引いて、出発時間が遅くなることがよくあった。署長は「俺が若手のころは……」という昔話が大好きだった。あるとき、幹部の誰かが「交替が遅くなりますので」と意見したらしく、それ以来、署長の話は短くなった。言えばわかるんだ。

引き継ぎ
良好な関係が築けているとスムーズにいくのだが、確執があったりすると、引き継ぎ時に「ちゃんとゴミ捨ててくださいよ」とか、「シュレッダーのカスが溜まっていたよ」とか、「ストーブの灯油、補充してねえじゃん」といったクレーム合戦が発生することも。

な面もある。また、夜勤には、柔道・剣道の訓練がないのが嬉しい。さらに長いばかりでたいてい実《み》のない署長訓受もない。

午後３時、チャカ出しして指示を受け、３時30分ごろに交番へ向け出発。

午後４時到着して日勤（２係）と交替したら、布田交番では夕飯の出前注文*が恒例だ。

交番の近所に、浦口お気に入りのそば屋があり、浦口は必ずそこの親子丼を指定して、新人の私が電話注文を入れる。「出前、何にしますか？」と聞くと、浦口は「いつもの」と言うので、神宮司と私は内心飽き飽きしながらも、そば屋のメニューから選ぶ。午後５時ごろに出前が届くと、私が立番しているあいだに、浦口や神宮司が済ませ、その後交替して私が最後に食事。

終電までは１１０番対応しつつ、長い夜に備え休憩。終電が終わったあと、浦口と職質に出かける。

署内には「寝ないで朝まで職質するのが美徳」という文化があった。夜勤では本来、夜10時から朝６時までのあいだに２時間×２回の休憩があるのだが、午前３時までは「寝てはいけない」というのが暗黙のオキテだ。

１１０番があれば随時対応
１１０番通報で、ハクビシンやカラスの死骸を回収・処理することも。手袋をして死骸を回収し、ビニールに包んで交番のゴミ箱に捨てた。

夕飯の出前注文
どの交番でも年長者が決めていた（私の知るかぎり、階級よりも年齢が優先された）。この数年後、後輩と勤務したときに「メシ、どこにしますか？」と聞かれ、自分に決定権ができたことに感動した。だが、そのとき私の希望で注文したラーメンが到着したところで人身事故の１１０番が入って食べられず、数時間後にのびのびのラーメンを食すハメになった。

オキテに従って、浦口と私は午前3時ごろまで粘ったものの、残念ながらこの日は検挙なし。近所のコンビニで夜食兼朝飯のサンドイッチなどの軽食を買って交番に戻る。

上司（浦口だったり、神宮司だったりする）が先に寝ているあいだに勤務表をまとめたり、交番の掃除やゴミの片付けといった雑用。その間に110番が入れば、上司を起こして対応。

明け方になってクルマが動き出すころになると、ときどき交通事故が起こる。軽い物損事故であれば、一人で臨場して処理するが、人身事故は少々厄介だ。交通捜査係も臨場して実況見分を行なうため、寝ている上司を起こして一緒に臨場し、大がかりな交通整理を行なわなくてはならない。暗黙のオキテで仮眠をとっていないため、こんな場合、一睡もできなくなる（こうした不測の事案がなければ、午前6時から交替要員が来るまで寝る*ことができる）。

午前11時、チャカを納めて、長い夜勤が終わる。

交替要員が来るまで寝る これはのちに知ったことだが、ほかの交番では新人は寝かせてもらえないこともよくあるらしい。布田交番では、浦口による配慮で、新人にも平等に休憩が与えられた。クセのある人物ではあったが、こういうところは恵まれていた。

某月某日　花金チャンス：評価は、職質検挙と交通取り締まり件数

「さあ、今日は給料日後の花金ですからね。チャンスですよ！」

調布署地域課の統括係長が、夜勤前の指示でハッパをかける。

月末の金曜日には、酒を飲んだ帰り、終電を逃すなどして、路上に停めてある自転車を失敬する人が増える。検挙数や交通違反取り締まり件数を増やす〝チャンス〟なのだ。

われわれ地域警察官の仕事はどう評価されるのか？　身も蓋もない言い方をすれば、職質検挙と交通取り締まりの件数だ。これが多ければ優秀、少なければ尻を叩かれる。

勤務前にこうしてプレッシャーをかけてくるのは地域課長や、1〜4係のトップである統括係長（警部補）だ。月の初めには、「今月早めに検挙しておけば、あとが楽ですよ」と猫なで声で言ってくるし、月の下旬まで成績が悪い*と「実績が

成績が悪い
書類カバンには「実績管理表」（通称「売上げ表」）という個人ごとの検挙実績を記載するA4用紙がある。これがわれわれの「成績表」だ。夜勤明けに署に提出するのだが、検挙数の欄に「0」と書いた折、地域課長から赤ペンで「やる気出せ！」と指摘された。警察にも厳しい赤ペン先生がいるのだ。

ないと分限*になるよ」と脅されることもある。尻を叩かれるのは、私のような若手だけではない。浦口や神宮司もしかりで、地域警察官ならこの宿命から逃れることはできない。〝取れ高〟を求めて駆けずり回ることになる。

一当務（日勤と夜勤の1サイクル）で交通違反の切符1・5本が「努力目標*」。つまり、2人で3本切れば合格。職質検挙のほうは1人あたり月1件が目安だ。

まじめに〝努力〟すれば、このくらいの目標はたいてい達成できる。ただ、110番が立て込んだり、雨が降っていて人出がなかったといった外的要因もあるので成績が上がるかは運次第ともいえる。

このように事実上のノルマがあると、どうなるか？

パトロールよりも、自転車検問に専心するようになる。そのほうが成果が出やすいからだ。

実際、布田交番に着任当初、夜間パトロールで地域の安全に貢献したり、クルマを職質して違法薬物を発見したいと意気込んでいた私を見て、神宮司センパイは「大物狙いしないで、自転車（検問）やって売上げあげたほうがいいよ」とアドバイスしてくれたのだった。

分限
「懲戒処分」の一種で、職員の身分保障を前提としながらも、公務能率の観点などから降格させたり、休職させたりするもの。もちろん実際には不祥事などを起こさないかぎり、そう簡単に降格などにはならないのだが、脅し文句としては有効。

努力目標
そのほかにも「活動報告書10枚」といった目標も設定されていた。「活動報告書」とは、不審者情報や、警戒対象に立ち寄り警戒した旨を書き込むレポートで、調布署では「調布飛行場」や「変電所」がテロの攻撃対象となりうる（通称・ソフトターゲット）警戒対象とされていた。「調布飛行場、22時に警戒して異常なし」などというしょーもない報告書（通称・紙爆弾）を量産して実績を

「売上げ」を狙う警察官にとって終電終了後から始発が動き出すまでの時間は「ゴールデンタイム」だ。とくに終点になっている駅は〝アツい〟。ここにタクシードライバーとともにおまわりさんが群がる。

　アヤシイ人物を発見したら、まずひと声かけて停止を求め、自転車から降りてもらう。続いて、自転車に貼付してある防犯登録の確認。無線で署に防犯登録の番号を伝え、*登録ナンバーをチェック。乗っている人の名前と一致していることが確認できたら、感謝の意を伝え、挙手敬礼で締めくくる。

　乗っている人と名前が一致しなかったり、自転車に盗難手配が出ていたりすると〝リーチ〟がかかる。目を逸らしたり、そわそわと体を揺らすなど挙動不審だと〝激アツ〟だ。パチンコと一緒で自然と心が浮き立ってくる。

　ワクワクしながら事情聴取をスタート。「売上げ獲得」は目前だ。ただ、知人から借りている自転車だとか、乗っている本人が以前盗まれて被害届を出したあと自分で発見して乗っていたなんてガックリ来る〝空振り〟パターンもある。

　指導巡査・神宮司センパイの教えはこうだ。

稼いでいた。なかには、行ってもいないのに「立ち寄り警戒」の報告書を書く不届き者もいた。

無線で署に防犯登録の番号を伝え
無線報告の数が少ないと「おまえ、あまり鳴いてなかったな」と上司から注意される。警察官ごとに自転車の照会件数を計上しているという話も聞いた。その結果、テキトーな放置自転車の防犯登録を無線で照会する者もいた。うっかり盗難手配の出ている放置自転車を「職質」してはマズいので、あらかじめその防犯登録を交番で調べておく。これを「カラ鳴き」と呼んだ。仮に検挙がなくても照会件数が多ければ「まあ仕方ないか」と許される空気があったのだ。

「どうしても売上げがあがんねーときの奥の手、教えてやっから。駅のそばに路上に放置してあるカギの壊れた自転車を見つけておくんだ。電柱の陰とか、ちょっとわかりづらいくらいがちょうどいい。で、それを離れたところから監視する。そのうち酔っ払いがやってくっから、それを待てばいい」

「そんなことしていいの？」と思われるだろうが、ここまでは「違法」ではない。*新人の私とはいえ、これはノルマのための仕事で、やる意義が見いだせない。新人の私はどんなにノルマに困っても、この方法をやる気にはならなかった。

奥の手は使わなかったが、駐車禁止、右折禁止、一時停止違反など、交通違反はひととおり取り締まった。*

「ほかにやることねーの？　ヒマだねえ」なんて嫌味をぶつけられたことも多々ある。自分が正義だと信じられるなら毅然としているだけだが、どこかに「たしかに……」と思うところがあると、心が揺れる。たまに情けなくなることもある。

ノルマに追い回されて疲弊する浦口や神宮司を見ていると、私も将来こうなるのかと思い、このままでいいのかという迷いも生じてくるのだった。

「違法」ではない　某署のおまわりさんが放置自転車を回収したうえで（しかもご丁寧にパンク修理まで施して）路上に再放置して「おとり捜査」に使ったとして処分された。これは当然、犯罪行為であり、許されるものではない。

ひととおり取り締まった　交通違反を取り締まろうとして逃げられたことも何度もある。自転車で取り締まっている地域警察官は、クルマやバイクで逃げられたら追いつけない。あきらめるだけだ。ナンバーや防犯カメ

某月某日　厳然たるヒエラルキー：内勤と外勤のあいだには

交番勤務を数カ月こなしたあと、私は「内勤実習」にまわされた。交番やパトカー勤務（地域課）が「外勤」と呼ばれるのに対し、「内勤」と呼ばれるのが刑事課や生活安全課などの私服勤務だ。

警察には厳然たるヒエラルキーが存在する。刑事ドラマで制服姿のおまわりさんが見張っている殺人現場の立ち入り禁止区域に、白手袋をはめながらスーツ姿の刑事がやってくる。おまわりさんが「ご苦労さまです」と言ってロープを上げると、刑事は軽く会釈をしながら颯爽と入っていく……。自然と視聴者に刷り込まれるこの関係性は実際に存在する。制服の交番勤務員が〝下〟で、刑事や生安《せいあん》（生活安全課）が〝上〟なのだ。

たとえば、布田交番に自販機のオーナーがやってきて、「偽札が使われていました」と訴え出たとする。われわれ交番員では判断がつかないこうしたケースで

ラで追跡しないのかと思う人もいるだろうが、ナンバーは都道府県名＋数字＋平仮名＋４ケタの数字からなり、そのすべてを記憶しておかないと所有者にたどり着けない。切符１本のためにそこまでやる警官はまずいない。だから、ここだけの話、逃げ得なのだ。ただし、白バイや交通機動隊のパトカーからは逃げられない。彼らは「それで食っている」プロなので、意地とプライドをかけて、どこまでも追いかけてくる。逃げると逮捕される可能性もあるのでご注意を。

は、刑事課や生活安全課に電話をかけて、どう対応するかの指示を受ける。*

また、警察内では一般的に、検挙実績があったり、勤務成績が優秀な者が内勤に行く*という雰囲気がある。

こうした関係性があるため、自然と序列ができあがる。交番員でも、捜査経験のある巡査部長が逮捕事案において書類作成をテキパキこなし、捜査経験のない警部補より頼りにされ、一目置かれたりする。地域一筋でやっている人は見下される傾向があった。

だから、地域警察官が集まると、たいてい内勤への文句で盛り上がる。

「あいつら態度でかいよな」「楽ばっかりしやがって」……。

神宮司は「内勤実習」に向かう私に、「おんめぇも楽を覚えてくるんじゃやねぇぞ」とよくわからないアドバイスをくれた。

内勤実習は、刑事課、生活安全課、交通捜査課の各課に各1週間ずつ。とはいえ、私がやったのはコピーとりといった雑用のみだった。右も左もわからない新人に重要なことなどまかせられるはずもなく、暇な時間が多く、過去に扱った事件の書類を眺めるだけだった。

どう対応するかの指示を受ける
このとき、私が捜査の受付に電話すると、その日の宿直員（暴力団担当だった）が面倒くさそうに「とりあえず任提（任意提出）でとっといて」。自販機オーナーである酒屋の主人に任意提出書を書いてもらった。すると酒屋の主人が「何か領収書みたいなのないですか？」と言う。私が受けとりをメモに一筆書こうとすると、浦口があわてて止め、「そういうものはないんですよ」と言ってお酒屋の主人にお帰りいただく。その後、浦口から「そんなもん勝手に書くんじゃやねえ！」と怒鳴られた。あとで調べると、こうした場合は「押収品目録交付書」という書式があり、それを渡せばいいのだった。警察学校で習ったことだったが、私も浦口もすっかり忘れて

刑事課の実習では、先輩から「安沼君もいずれはこっち（刑事課）を目指すんだろ？」と言われた。地域課で居続けることなどありえないとでも言わんばかりの言葉に反発心を覚えた。少しだけ神宮司の気持ちが理解できた気がした。

私は、浦口や神宮司には忸怩《じくじ》たる思いを抱きつつも、地域警察でがんばりたいという志を抱いていた。基本的に希望しなければ、地域課からの異動はない。逆にいうと、出世欲があったり、自己主張が強い人が内勤に行く傾向がある。警察学校時代の同期・八十島はその典型であろう。

実習を終えて布田交番に戻った初日、神宮司が尋ねてきた。

「内勤、どうだった？」

「いや、やっぱり俺は地域がいいですね」

私がそう答えると、神宮司は「おお、そうか」と言い、少しだけ満足そうに笑った。

いたのだ。

勤務成績が優秀な者が内勤に行く
２０２４年現在では、刑事課などの内勤希望者が減少傾向にあるようで、希望すれば、比較的入りやすくなったという。

某月某日　パンティー泥棒、侵入：時価、おいくらですか？

警察学校への再入校*が終わると、ようやく一人前と認められるようになる。それまではいつも神宮司と一緒だった午後の警らも単独で可能*だ。「警ら、行ってきます」と浦口に告げて、自転車で出発。警らの目的は基本的には職質検挙であるものの、晴れわたる空のもと、鼻歌を歌わずにはいられない。

110番通報にも単独で臨場できる。ケンカや大きな事故には複数での臨場が原則だが、駐車の苦情、騒音の苦情、交通物件事故、酔っ払いの寝込み、迷い老人の確保などなどは1人での対応となる。

真夏の夜8時すぎ、ひとり暮らしの女性宅で侵入窃盗との110番があり、単独で現場に向かった。

真新しいアパート2階にある一室のチャイムを押すと、チェーンロックを解除する音が聞こえて、30歳前後と思われる小柄な女性が部屋に迎え入れてくれた。

警察学校への再入校
現場で1年ほど経験を積むと、再び3カ月間、警察学校に再入校する。最初の警察学校は「初任課程」と呼ばれるのに対し、これは「初任総合課程」と呼ばれる。一人前の警察官になるための総仕上げで、通称「初総（しょそう）」だ。「初総」は初任課程と違い、かなりゆるい。奈良原のような厳しい助教もおらず、実際、行ってみると、初任課程時代と打って変わって楽しかった。「初総」では男子のみの教場になったのだが、学生時代、共学しか経験していない私にとってその〝男子校ノリ〟も面白かった。その一方、共学教場では、現場に出て「オシャレ解禁」になった女子がいて、楽しげに話す男子をうらやましくも思った。「初総」では週末は外泊可能なので、みなそれぞれの

女性によると、朝出勤前にベランダに洗濯物を干していったのだが、夜帰宅して取り込んだところ、下着だけ盗られていることに気づいたという。

現場を確認すると、どうやら1階の駐車場に停めてあったバンを足がかりにベランダに侵入し、室内には入らず下着だけ盗って立ち去ったらしい。物静かな女性で終始落ち着いて説明してくれたものの、不安げだ。ベランダとはいえ、ひとり暮らしの家に知らぬ人間が足を踏み入れたと思えば、心配になるのも無理はない。

被害品を確認しながら被害届を作成する。被害者と雑談*や談笑する警察官もいるらしいが、私は余計なことは言わないようにしていた。「たいした被害じゃなくてよかったですね」と言った警官がいたらしく、署にクレームが寄せられ、係長から「言動には気をつけろ」と指示を受けていたからだ。

「なくなっているものは、ほかに何かありませんか？」

「はい、盗られたのは下着の上下だけみたいです」

事務的に会話し、被害品欄に「ブラジャー、パンツ」と書こうとして手が止まる。ブラジャーはいいが、ズボンもパンツというし、混乱しないだろうか……。

署の寮に帰っていく。

警らも単独で可能
見習い期間中は拳銃を装着するものの、弾を込めない「タマなし」警官である。卒配して3カ月の見習い期間を終えると、弾を込めた状態の拳銃で単独警らが可能。弾の重量はほんの数十グラムだろうが、その重みがプレッシャーとともに腰にズシリと来る。

被害者と雑談
最近では女性警察官も増えたが、この当時の交番には男性しかいなかったので、下着が盗まれた際などは聴取する側もされる側も気まずかった。とある女性ブロガーが下着泥棒被害の様子を投稿しており、対応した女性警察官から「下着泥棒なんて気持ち悪いですよね。許せないですよね」と共感してもらえたことで気

うーん。少し考えて「パンティー」と書いた。

特徴欄にはなるべく詳細な特徴を書く。もし被害品が見つかった場合に「それ」であると特定するためだ。

「どんな色ですか？」

「あ、赤です」

「赤……真っ赤ですか？」

「……はい」

「形は？」

「ふつうの……」

「柄とか、何か模様とかありますか？」

「……」

盗品の事情聴取*とはいえ、本人の下着を事細かに聞く。会話内容だけならただの変態男。だんだん気まずくなってくる。

一応、パンティーの詳細は書き留めたが、聴取はまだ終わらない。時価の記載が必要なのだ。時価というのは、そのモノが一般的にいくらくらいで取引される

持ちが少し和らいだとつづっていた。男性警察官だとこうはいかないだろう。やはり現場には女性が必要なのだ。

盗品の事情聴取
たとえば自転車盗難の場合、「ブリヂストン製、灰色、軽快車（俗にいうママチャリのこと）」といった具合に、メーカー、色、形などを聴取する。防犯登録で「シルバー」と登録されていれば、灰色っぽく見えたとしても被害届には「シルバー」と記載する。下着などの場合、「ユニクロ製、赤色、レース地」などと記載する。

かということ。たとえば、時計を盗まれたのであれば、国産の一般的なものと海外ブランドの高級品とでは大きく価格が異なるため、おおよその目安を記載しておく必要がある。

とはいえ、すでに着用した衣類でしかも下着となると（一部、高値で取引されているマーケットをのぞいて）古着屋でも買い取りＮＧで値段などつかないだろう。そんなことを考えつつ、

「時価を記載しなければならないのですが……５００円くらいですかね？」。

私がそう言うと、女性の表情が変わった。

「そんなに安くありません！」

こんなことで署にクレームを入れられても困る。別に値段を高くしたところで被害女性にはメリットもない*旨を丁寧に説明し、

「それじゃあ、１０００円くらいでどうでしょうか？」

「まあ……それでいいですけど」

女性もしぶしぶという感じで受け入れてくれた。

今回は室内へ侵入した形跡も見られないため、被害届をとり、「戸締りはしっ

メリットもない
そもそも被害届を出したところで警察が本格的な捜査を始めるわけでもなく、警察としては未解決の被害が1件増えただけでむしろデメリットである。時価＝被害額となるので、被害額が多いと被害件数に加え、被害総額も増えるのでなおさら。たまに損害保険がらみで時価が関係していると勘違いしている人もいるが、保険会社の補償額は購入金額ベースとなっていることが多く、あまり関係ないそうだ。ちなみにこうした被害経験のない妻に「もしパンツが盗まれたらどうする?」と聞いたら、「うーん、1回くらいいじゃ何もしないかな」。「もし高いやつだったら?」と聞くと、「高かろうが安物だろうが、戻ってきたところで気持ち悪くて使えないじゃん」。なるほど。

かりしてください。今後もし不審者を見かけたらすぐ110番してください」と防犯指導をして完了*となる。

おとなしそうな女性が500円と言われたときだけ表情が変わった。盗まれたのは勝負パンツだったのかしら？

某月某日 地獄の慰安旅行：旅館の宴会係が嫌う3つの職業

日記シリーズの先輩作品『派遣添乗員ヘトヘト日記』に、「旅館の宴会係が嫌う3つの職業」とある。その1つ目が「警察」で、予約してきたのが警察だとわかると、旅館担当者は嵐の宴会を覚悟するとされている。

その実態は果たしてどうなのか？　旅行する側から真相に迫ろう。

警察にも社員旅行がある。警視庁では「レク（レクリエーション）」と呼ばれており、公務員の福利厚生の一環として予算がつく。慰労により仕事の効率化を図ることが目的らしい。予算がついているからには使い切らなければならず、レク

防犯指導をして完了
別の侵入被害現場での話。その際も女性のひとり暮らし宅で、捜査が済んで帰ろうとしたら、「ひとりでいるのが怖いので、彼氏が来るまで一緒にいてください」と言われ、仕方なく私が残った。お茶を淹れてもらい、小さいテーブルで女性と向き合う。リラックスするわけにもいかないので正座していると、女性も正座を崩さず、互いに何を話していいのかわからない初めてのお見合い状態に。しばしの沈黙のあと、女性のお腹がぐう～と鳴り、気まずさに耐え切れなくなった私は「外で待ちます」と言って部屋の外へ出た。ほどなく彼氏が大慌てでやってきて、ようやく解放となった。

への参加は義務*と化している。

初めて参加した調布署のレクは、熱海駅近くの旅館への1泊旅行だった。行きは新宿駅に集合し、特急列車で出発。乗車券を署の人数分予約したので1車両が貸切状態だ。駅を出た瞬間、買い込んだビールで乾杯し、車内ではプレ宴会が始まる。

午後4時に旅館に入ると、先輩方とともに大浴場へ向かう。大浴場で、ほかの客を見回すと、ほとんどの人の腰骨あたりにどす黒いアザがある。じつはこれ、おまわりさんの証拠なのだ。無線機、警棒、拳銃をぶら下げた帯革《たいかく》を毎日のように腰に巻いていると必ずこうなる。この旅館は警視庁の保養所になっており、宿泊客の半数以上がおまわりさんだという。

夕方、宴会がスタートする。一番下っ端の私は料理に舌鼓を打つ間もなく、上司・先輩方にお酌してまわる。しばらくしてコンパニオンのお姉さま登場。それぞれの席に分散し、接待を始める。

交番では市民相手に気をつかっている反動か、コンプライアンスと制服を脱ぎ捨てた男たちのストレス発散が始まる。今から20年以上前、コンプライアンスは

レクへの参加は義務
民間企業に勤める知人と飲んでいて、警察の社員旅行について話すと、「バブル期のおっさんかよ」と一笑に付された。彼の会社では社員全員での慰安旅行自体がなくなり、その代わりに社員同士での旅行に補助を出すようになったという。警視庁ではおそらく「予算の適正執行」や「職員の福利厚生」を金科玉条に今でもオールドタイプなレクが横行していると思われる。親睦を深めるのも大事だが、本当に職員をリフレッシュさせたいのなら、民間のように自由に行きたいところに行かせてほしいものだ。

ゆるゆるだ。「彼氏いるの？」なんて下世話な会話は序の口、肩に手を回すとか太ももタッチが横行する。幹部連中も酔いが回ってきたあたりで誰かが、

「おいっ、安沼！　おまえ、何か歌えよ！」と叫ぶ。

「はい！」と勢いよく立ち上がる。誰でもわかるように「与作」でも歌っておこう。旅館スタッフに曲名をオーダーし、ステージに上がる。マイクを渡され開口一番、「布田交番の安沼巡査です。与作、歌わせていただきます！」と元気よく叫ぶ。

その瞬間、ざわついていた会場が一気に静まり返り、流れてくる尺八のイントロだけが響き渡る。頭に「？」マークが浮かんでいる私のところに教育係の神宮司が駆け寄ってきた。

「おいっ、こんなところで会社用語*使ってんじゃねえよ！」

えっ⁉　でも、仲居さんも含めこの会場の全員がわれわれの職業を知っているはずだが……。

「馬鹿野郎！　どこに部外者がいるかわからねえんだから注意しろ！」

旅館の従業員は知っているにせよ、廊下に誰がいるかわからず、いかなる場所

会社用語
警察官はオフの席でも「ウチの署が」とか「署長が」などと言わない。署は「PS（ピーエス／ポリスステーションの意）」とか「会社」と呼び、署長のことは「オヤジ」と呼んだりする。

でも第三者に警察関係者だと悟らせないようにするのが暗黙の了解なのだという。そう言われれば、旅館の玄関に掲示されていた宿泊団体一覧には「調布第一親和会様御一行」と書いてあった。

宴もたけなわになると、地域警察の先輩がパンツ一丁でステージに上がり、観衆たちからは「待ってました！」という掛け声がかかる。どうやら彼が調布署宴会のスター*らしい。

BGMに合わせてマッチョダンスを披露し、ひとしきり会場を盛り上げたところで割りばしを取り出したかと思うと、お尻をこちらに向ける。そして、ビキニ海パンの中に割りばしを1膳、通す。

「ヘイ！」という気合とともに尻の筋肉で難なく1膳をへし折る。続けざまに2膳に挑戦し、これもクリア。会場はやんやの喝采だ。気をよくした先輩は「よーし、今日は3膳に挑戦だ！」。オーディエンスたるわれわれと仲居さんやコンパニオンも一緒になって声援をおくり、もはやヒーローショー状態。そして無事に3膳をへし折り、宴会場は感動と爆笑の渦に。白けた気分の私もこのときだけは先輩のエンターテイメントに興奮した。

宴会のスター
各署にはそれぞれ宴会のスターと言える人材がいる。ある署に、上司のモノマネが抜群にうまいお調子者の宴会スターがいた。彼が署長のモノマネをすると、署長だけは顔が引きつっていたものの、署内では大ウケだった。彼は仕事上ではポカをするタイプだったが、宴会においての多大なる貢献とどこか憎めないキャラで許されていた。

夜10時すぎ、一本締めでお開き。これから各々の部屋に分かれ、二次会に入る。下戸らしい浦口は自室に引き上げていったが、神宮司ら喫煙&酒好きグループから「安沼、来い」と声がかかる。彼らにとってはここからが本番らしい。

中年オヤジによる若いコンパニオンのスカウト合戦*を経て、神宮司たちは2人ゲットに成功。神宮司の部屋にて二次会へとなだれ込む。

「おっぱいのサイズ、どんくらいなの？」開始早々、神宮司が迫ると、「え～、どれくらいだと思います～」「どれどれ」とコンパニオンの胸を服の上からむんずと掴む神宮司。「やだぁ～、もぅ～」酔客扱いも手慣れたコンパニオン。新人の私は脇目もふらず、せっせと先輩方の水割りを作る。

そして始まる野球拳。重ね着インナーで対策済みのコンパニオンの前に次々にパンツ一丁にされていくオヤジたち。時刻は午前1時すぎ、私はいったい何を見せられているのだろう。

翌朝、神宮司から、

「安沼、昨日のコンパニオンの延長料金、1人一律5000円ずつな」。

楽しい思いもせずに5000円。もう、罰金みたいなもんだ。私、居ただけな

スカウト合戦
若くて可愛いコンパニオンの争奪戦となるが、そのようなコンパニオンにはお目付け役兼ボディーガードのベテランコンパニオンがついてくる。ボディーガードの料金もわれわれが負担することとなる。

んですけど……。なんなら下働きのバイト代くらい欲しいものである。

某月某日　バスタオル女子：駆けつけるゴンゾウ

秋も深まったある夜勤時、時計は午前1時を回っていた。

「調布管内、『バスタオル1枚姿の女性が外にいる』、110番＊、PB員は現場へ。場所、調布市××町2丁目……」

受令機という小型ラジオサイズの機器からイヤホンを通じて連絡が入る。「PB」というのは「ポリスボックス」の略語だ。××町2丁目なら、うちの「PB」の管轄だ。私はすぐさま、外套と呼ばれる長い防寒コートを手に、浦口とともに現場に向かった。

現場はこのあたりでは名の知れた大邸宅の前で、駆けつけると20歳くらいの女性が本当にバスタオル1枚を巻いただけの姿で呆然と立ちつくしていた。その隣には高校生くらいの女性が付き添うようにしていた（彼女は服を着ていた）。

110番
通信指令本部（通称・通本）からわれわれに110番などの指令や時報（0時とか6時とか）や指示が流れてくる。「通本」は110番の受理も行なっており、110番に架電すると、通本の警察官や嘱託員（おもに警察OB）が「はい、110番警視庁です。事件ですか？　事故ですか？」と応答する。最近では緊急対応不要な通報が問題視されていて、110番をためらう人もいるようだが、事件や事故に遭ったり目撃した場合には躊

臨場中は「バスタオル姿の若い女性」に好奇心丸出しだったものの、その姿をいざ目の当たりにすると、どうしたらよいかオロオロする女性がかわいそうになる。すぐに持参した外套を羽織らせて話を聞くと、彼女はこの大邸宅の娘で、風呂あがりに父親に怒られて、そのまま外に放り出されたのだと言う。隣の女性は彼女の妹で、姉を心配して家から出てきたらしい。

チャイムを押して、「近所から通報があった」旨を伝えて、浦口と2人で自宅にあがらせてもらう。学校の教室ほどのリビングに、家電量販店でしか見たことない巨大テレビがあり、高級そうなソファーに酔っ払った父親が座っていた。

浦口は部屋に入るや、一言目に「娘さんを裸で外に出すなんて、あんた、ナニ考えてんだ！」と怒鳴る。売り言葉に買い言葉で父親も「部外者はすっこんでろ！」と激昂。もともと浦口は高圧的な口調でそれまでもいくつかのトラブルを招いていた。会って一言目にこんな言い方をしたら問題はこじれるだけだ。私は事態を収拾するためにできるだけ穏やかな口調で父親に話しかける。

「お父さん、まずは事情を聞かせてください」

父親の話によると、娘が父名義のクレジットカードで多額の買い物を繰り返し、

躇なく通報していただきたい。迷子や迷い人が出たり、保護したりした場合も１１０番でOK。緊急対応を必要としない警察への相談は、警察相談専用電話「＃９１１０」番を利用してもらいたい。

ゴンゾウ
英語の「gonzo＝風変わり・馬鹿者」に由来し、やる気のない、いわゆる

何度注意してもきかないのでブチ切れたらしい。事情はわからないでもないが、年頃の娘を半裸で外に出すというのもいかがなものか。

「なるほど、お気持ちはよくわかりますが、ご近所の目もありますし……」

そんなふうにやりとりすると、父親もだんだん冷静になっていく。10分も話をするうちに父親もやりすぎたと反省し、服を着てリビングに戻ってきた娘とも和解と相成った。浦口だけは腹の虫がおさまらないらしく、終始ぶぜんとした表情だったものの、最後には父親が「お手数をおかけして、すみませんでした」とわれわれに頭を下げたのだった。

無事に現場処理をして、父親と娘さん2人に玄関まで見送られて豪邸を辞去。交番に戻ろうと玄関前に停めていた自転車に乗ったところで、制服姿の〝ゴンゾウ〟*が自転車をゆっくり駆ってやってきた。

「バスタオル女子、いた？」

110番通報は、通信指令本部から「方面系*」と呼ばれる無線で、調布管内だけでなく三鷹や府中といった「第8方面*」の警察署にいっせいに流される。われわれと同じタイミングで通報を聞いたゴンゾウが、遠方から興味津々でのこのこ

窓際族警察官を指す隠語。内野聖陽主演のテレビドラマ「ゴンゾウ　伝説の刑事」では、「ゴンゾウ」を「能力があるのに働かない人」としていたが、警察内部では、私の知るかぎり「ただの働かない人」を指した。

方面系
警察無線にはおもに方面系と所轄系の2種類がある。方面系では、通本から各方面の署やパトカーに指令が出されるのに対し、所轄系では署と交番員とのあいだで細かいやりとりをしたりする。

第8方面
警視庁はエリアごとに第1方面（丸の内、麹町など）から第10方面（板橋、王子など）まで区分けされている。

駆けつけてきた
この警察官の交番はかな

と駆けつけてきた*というわけだ。

「大丈夫。もう解決したから」

浦口がぶっきらぼうにそう言うと、ゴンゾウは私のほうに顔を向け、

「安沼、見た？* もしかしてポロリ、あった？」と鼻息荒く聞いてくるのだった。

某月某日 **武者震い**：機動隊への異動

警察学校を卒業して2年ほど経つと、機動隊の異動希望調査が届く。20代半ばの私にとって、警察官としての将来像はまだあいまいで、調査書を前にどうしようかと迷った。

すっかり交番勤務にも慣れる一方、巡査から巡査長*になったことでノルマの締め付けは増していた。そして、地域の安全を守る活動に意義を感じつつも、浦口と神宮司のやる気のなさに辟易《へきえき》するところもあった。異動希望調査が届いたことは、この先の人生を考えるきっかけになった。


り遠く、自転車でも20分はかかる。強い使命感があったわけではなく、「バスタオル女子」の言葉に暇つぶし&興味本位で駆けつけたのだろう。とはいえ、大人数のケンカなど1人で対処できないときにも来てくれるので、なんだかんだで頼りにもなる。


安沼、見た？

私は調布署の地域1係にいたが、同じ係だと同じサイクルの勤務となり、歓送迎会やレクと呼ばれる旅行もこの係単位で行なわれるため、顔なじみになりやすい。逆に、地域2～4係とは交番での引き継ぎくらいでしか顔を合わせないため、同じ交番の人くらいしか顔も名前もわからない。

巡査から巡査長
卒配から1年半後、私は巡査長へと昇任した。同

同僚の中にいた機動隊経験者に相談したところ、「男塾」のような熱い世界のエピソードを聞かせてくれた。彼が言うには、所轄のように検挙や切符のノルマがなく、若い警官たちが中心となってワイワイやっていて、機動隊特有の一体感があるという。「ここ（地域警察）より充実感あったぞ」なんて話を聞くと、この機会に心機一転、機動隊に行ってみるのも悪くないと思い始めた。

通常、機動隊の異動は2月と10月で、それぞれその3カ月ほど前に上司から希望を尋ねられる。機動隊は選りすぐりの精鋭部隊というイメージを持つ人もいるようだが、じつは年齢制限などをクリアして希望すれば、たいていの警察官が行くことができる。

私は調布署の上司からその話を受けて、「やってみます」と答えた。現実的な話を付け加えると、所轄にくらべて昇任試験に受かりやすいという話にも背中を押された*。

異動の通知は、異動日の2週間ほど前に本人に知らされる。

私はちょうど府中試験場で、機動隊の「三種の神器」*と言われる大型免許の実技試験の順番待ちをしているところに、地域課長代理から電話があった。

期が警察学校に集められ、昇任を通知する用紙を渡された。一昔前は巡査長になるのもたいへんだったと聞いたが、今は大卒なら1年半ほど、高卒だと2、3年で自動的に巡査長になることができる。

背中を押された
このタイミングは、警察学校の同期たちにとっても最初の機動隊異動の時期でもあるため、同期の仲間が多いという理由もあった。実際に機動隊に赴任したあとも、同じ教場はいなかったが、「キミって、歌木（教場）でマンキョウやってたよね？」と尋ねられた。

機動隊の「三種の神器」
警察車両運転のための免許（通称・青免）、大型免許、警備無線初級（おもにデモ規制などの状況を無線で報告する技能を測る、警視庁独自の検定

「安沼君？　キミ、第二機動隊に異動が決まったから。がんばってね」
「いよいよ来たか！」という武者震いがあった。私は25歳になっていた。

2月、調布署での離任行事を終えると、私は制服のままクルマに乗って異動先である錦糸町の第二機動隊へ向かった。

機動隊に異動すると、まず10日間程度の新隊員訓練*が行なわれる。これは「第二の警察学校」とも呼ばれ、先輩隊員からの厳しい指導のもと、デモ規制の要領や大楯操法《おおだてそうほう》などを学ぶ。手足を保護するプロテクターに頑強なヘルメットだけでも5キロ以上、さらに8キロ弱のジュラルミン盾を持ったまま走らねばならず、体力的には相当キツい。それでも、みんながヒイヒイ言っている中、私はまったく新しい世界に飛び込んでいくことに胸を躍らせていた。

新隊員訓練が終わると各中隊に配属*され、ついに機動隊員としての任務がスタートした。

試験）の3つがあれば機動隊員として一人前と認められる。このときの大型免許の実技試験にも無事合格できた。

10日間程度の新隊員訓練
着隊後10日程度は新隊員訓練期間として大楯操法やデモ規制要領を学び、それから各中隊に配属される。新隊員の寮員はその期間中、大部屋で新隊員同期と共同生活を送る。厳しい訓練と共同生活により、彼らとは自然と絆が深まっていく。機動隊が第二の警察学校と言われるゆえんである。

各中隊に配属
機動隊は4つの中隊から成り、各中隊は3つの小隊、各小隊は3つの分隊で編成されている。機動隊のおもな任務は国会や主要国大使館の警備。5日に1度、夜勤もある。

某月某日　街宣車襲来：機動隊の、ある1日

朝6時に起床、私が入寮した独身寮は錦糸町にほど近い第二機動隊に併設されているので通勤は徒歩0分だ。

朝7時、新隊員が中心になり、その日使う車両のカギ開け、窓や車体拭き、資材準備*。準備が済むと、売店でおにぎりとサラダを買って朝食をとり、寮で制服に着替え、朝8時出勤、チャカ出し。これは警察官も機動隊員も変わらない。

国会周辺などの警備ポイントに向けて出発し、午前9時に配置完了。この日、私がついたのは飯倉《いいくら》交差点。飯倉交差点のそばには駐日ロシア大使館があり、ここに向けて右翼が街宣をかけることがある。

新隊員のおもな任務は「触角《しょっかく》」と呼ばれる見張りで、飯倉交差点には「飯倉触角」というポイントがある。そこに立ち、右翼の街宣車などの警戒にあたるのだ。

本日の相方は、隊では半年先輩、年齢は2つ上の長妻巡査長。

資材準備
停止灯、夜光チョッキ、パイプ柵、セーフティーコーン（通称セフコン）、アングルと呼ばれる車両停止装置など、資材は多い。夜勤では、布団や寝板と呼ばれるベニヤ板を用意する。アメリカ大使館やロシア大使館の警備地点にはベッド付きの休憩室があるが、小規模な大使館だと一個小隊、バス1車両で警備に向かい、そこが指揮所兼待機所兼休憩室になる。その際はバスの座席の上に寝板を

「安沼、昨日、した?」

長妻巡査長は筒の形にした右手を顔の横で上下に動かした。コミュニケーションの半分が下ネタの長妻巡査長にとってはこれが朝のあいさつ代わりだ。

「俺はシコシコ我慢して、今日でなんと1週間。すげーだろ? 明日休みじゃん。朝イチで吉原行こうと思ってさ」

独身寮から浅草・吉原まで自転車で30分。さすがは体力自慢の機動隊員だ。長妻巡査長は、平日の朝だと安いのと、〝嬢〟が出勤して1発目(最初の客)を狙うのだと自慢気に話す。

最初は長妻先輩が立ち、その間に私はジャバラやパイプ柵を用意する。右翼がやってきた際にこれらで侵入を阻止するためのものだ。この場所に2人で1時間ずつ交替し、夜の7時まで勤務することになる。

昼すぎまで何事もなく、道に迷ったおばあさんの地理案内が1件あっただけで暇だったが、午後2時をすぎたころ、どこからともなく軍歌が聞こえてきた。1台の街宣車*が東京タワー方面から東京タワー通りをこちらに向かってやってくる*のが見える。


敷き、その上に布団を敷く。座席のリクライニングを調節しながら水平になるよう寝板を置くのだが、先輩が乾電池を置いて転がるようだとやり直しを食らう。新隊員は網棚の上に布団を無理やり敷いてそこに寝る。

街宣車
街宣車が来る頻度はまちまち。まったく来ない日もあれば、なんの前触れもなく突然やってくる日もある。終戦記念日や北

緊張感が高まり、一気に鼓動が速くなる。右翼への緊張というよりも、職務上ミスができないという緊張感だ。

「飯倉右翼、飯倉右翼、タワー下方向」と無線を入れる。

ロシア大使館向かいのマンション一室（指揮所）にいる無線長から、「飯倉右翼了解。飯倉ジャバラ、どうぞ」と指示が入り、飛び出してきた長妻先輩とともにジャバラを道路に準備する。その間にバスや輸送警護車から待機員たちも駆けつけてくる。

「露大《ろだい》指揮所*から飯倉触角あて。色型、団体名を送れ」無線長からの指示が飛ぶ。

大音量でスピーカーから軍歌を流しながら、黒いワゴン車がわれわれの展開したジャバラの前をゆっくりと左折していく。

「黒色ワゴン型1車両、×××（団体名）、街宣をしながら左折。赤羽橋方向、どうぞ」

赤羽橋のほうへ遠ざかっていく街宣車を眺めながら、ほっと安堵のため息をつく。ロシア大使館前の飯倉触角では、とくに2月7日の「北方領土の日」などになると全国から右翼が集結して大混乱になるが、平日は街宣車が1台来るかどう

方領土の日などは全国から集結するので警備する側もたいへん（部隊も増強している）。中国やロシアがニュースになるような出来事があれば、その国の大使館の警備がたいへんになる。

こちらに向かってやってくる
タワー下方向からだとカーブしていて見づらいうえ、こちらに向かって下り坂になっているので、たまに右翼が街宣音を消して信号のタイミングを見て突入してくる。とくに緊張するシーンだ。慣れないうちは無線を持つ手や声が震えた。

露大指揮所
「露」＝ロシア、「大」＝大使館の意。無線でのやりとりではこう呼称する。ちなみにアメリカ大使館は「米大（べいだい）」と呼ばれる。

か程度だ。日によっては赤羽橋方面からぐるりと周回して再度姿を見せることもあるが、この日はそれきりだった。

「今日はすんなり帰ってくれてよかったですね」私がそう言うと、長妻巡査長は、「明日、マル風《ふう》*の予定入れてんだから、余計な仕事増やさないでほしいよな」。長妻巡査長も緊張していたのであろう、街宣車が何事もなく帰っていった安心感から笑顔を見せた。

このあとは「立ち番」と「バス待機」を1時間ずつ繰り返して、19時、任務終了。資材を車両に積み込んで錦糸町の隊に帰る。

隊に戻った新人に待っているのは「反省会」だ。

「右翼の無線連絡はよかったけど、パイプ柵の準備が遅くて配置時間ぎりぎりだったな。次回から気をつけるように」

指導するのは半年先輩の隊員だ。新人がミスすれば、指導役が怒られるので彼らも真剣だ。

1時間ほどで反省会が終わると、新隊員数名で近所の銭湯に繰り出し、さっぱりしたあと、居酒屋で飲みながら夕食をとる。

マル風
暴力団、もしくは暴力団対策課を「マル暴」と呼ぶ警察用語は一般にも知られているが、警察では食事を「マル食（しょく）」とか、機動隊を「マル機（き）」とか、なんにでもマルをつけて呼んでいた。

同じ釜の飯を食う
勤務後の遊びは同期だけで行った。長妻巡査長な

地域警察は交番単位の活動のため知り合う人数も少ないが、機動隊だと待機場所で多くの同僚と話す機会があり、同じ釜の飯を食う*といった仲間意識が強い。同い年が多く、彼らとは早々に打ち解けた。機動隊における、仕事と遊びの境がはっきりした緩急のついた雰囲気も好きだった。

居酒屋のあとはカラオケボックスで騒ぎ、門限の24時ぎりぎりに仲間と一緒に寮に飛び込み、翌朝の勤務に備える。

機動隊は私にとって、地域警察よりもはるかに居心地のよい場所だった。

某月某日　祭り、花火、初詣：雑踏警備の極意

機動隊の重要な仕事に雑踏警備がある。夏の花火大会やお祭りなど、大勢の人が集まる場所での雑踏事故を防ぐため、整理や誘導にあたるのだ。規模の小さなものはそれぞれの所轄署でやるが、大きな祭りや花火大会にはわれわれ機動隊が駆り出される。*

ど先輩とはプライベートでの付き合いはほとんどない。半年上に限らず先輩たちと距離があるのは、所轄よりも上下関係が厳しいからだろう。その分、同期の絆が強くなるのかもしれない。

機動隊が駆り出される　機動隊の重要な仕事にデモ警備がある。国会周辺や官庁街では、「○○法案、反対！」とか、「××政権をぶっ倒せ！」といったデモが行なわれる。警視庁本部の警備部から各機動隊宛には、さまざまなデモの予定がＦＡＸで送られてくる。私には確固とした思想・信条はないので、すべて仕事の一環として対応する。年末、ふとＦＡＸを見ると、「クリスマス粉砕デモ」と表示されていた。当時、独身・彼女なしの私はこのデモだけは応援したくなった。

初めて行った祭り警備は浅草の三社祭《さんじゃまつり》だった。屈強な男たちが神輿《みこし》を担ぎ、酒も入るため、この祭りは荒れる。

昼に署に出勤して、現場に到着したのは午後3時。三社祭の警備は会場設営からスタートする。神輿の通り道と歩道の境目にバリケードを作るのもわれわれ機動隊員の仕事なのだ。先輩の指示のもと、慣れない手つきで鉄パイプと鉄パイプを針金でつなげていくと、道を通りかかった作業員風の男から声がかかる。

「ダメダメ。おまわりさん、そんなんじゃ、すぐ外れちゃうよ」

雑踏の人たちから笑い声があがる。本職の人から見れば、不格好な作業だろうが、門外漢なのだから仕方ない。汗をしたたらせながらの設営作業が続く。

日が傾いてくるにつれ、人がどんどん増えてくる。私の担当は歩道に立ち、黄色いメガホンを片手に見物人を誘導する係だ。人の流れが滞留しないように、

「押さないでくださーい！　立ち止まらないでゆっくりと進んでくださーい！」

とひたすら叫び続ける。

ほとんどの人は何も言わずに歩いていくだけだが、なかには酒が入っているのか、「ポリ公、うるせーぞ！　黙れ！」などと言い返してくる輩《やから》もいる。警察官

になら何を言ってもいいと思っているのかもしれないが、私のガラスのハートにはそんな言葉が突き刺さる。しかし、そんな感情はおくびにも出さず、無反応で大声の誘導を続ける。

そのうち人が増えすぎて流れが止まり、一部で押し合いのような状態になってくる。「立ち止まらないで！」という私の叫びもむなしくかき消される。

すると現場に、私が所属する第一小隊の小隊長・松坂警部補が駆けつけてきた。

「そこに小さい子どもがいるんだ。頼むから押さないでくれ！」

よく通る大声で一喝すると、群衆はわれに返ったように落ち着きを取り戻し、混乱が鎮まった。松坂警部補は50代の大ベテラン。ベテランの技*に、新人機動隊員の私はうならされるのだった。

江戸川花火大会にも行った。江戸川沿いの河川敷が広く、観賞スポットとなり、原っぱにたくさんの人が滞留する。指定席以外は立見になるので、シートを広げて座るのは禁止なのだが、大勢の人が勝手にシートを広げて陣取っている。座っている見物人に「ダメですよ」と声をかけ、シートを片付けてもらうのがここで

ベテランの技
何かのビジネス書で「何を伝えるか」より「どう伝えるか」が重要、と書いてあったが、まさにこれだと思った。また、痩せ型の私よりも、イカついガタイの小隊長が言ったほうが格段に説得力が出るのだった。警察官は見た目がイカついほうがいろいろと便利なのだ。

の私の仕事だ。

機動隊の制服を着ていることもあり、私の姿を見ると、だいたいは素直にシートを片付けてくれる。ただ、河川敷は限りなく広く、人もまた限りなく多いため、次から次へとあちこちでシートが広げられていく。チェックが追いつかないのだ。

そうするうちに、「ここにシートを広げないでください」と注意しても、「あの人もやってるでしょ」という反論が返ってくるようになる。実際にシートを広げている人は増える一方なのだ。

「でも、ルールでは禁止されているんですよ」

「それなら、あの人たちにも言ってきてよ。あの人がやめたら、私もやめるから」

……。他人がやっているのに、なんで自分だけ注意されるのかと思うのは人情かもしれない。そうこうしているうちに現場はカオス状態になり、私は無力感に押しつぶされそうになる。

すると、大ベテラン・松坂小隊長が登場。混乱した現場について怒られることを覚悟したが、「安沼、よくここまで持ちこたえてくれた。もう少しだけ踏ん張ってくれ！」と言って立ち去った。

待機班
3つの小隊は第一小隊が爆弾処理班（S班）、第

私は気を引き締め直して、現場の整理にとりかかる。自分の持ち場でやれるだけ、やるしかない。そう覚悟を決めて、また大声で注意を続ける。

人間はみんな、誰かが評価してくれるだけで、まだがんばろうと思えるものなのかもしれない。

隅田川花火大会警備にも参加した。行ったことのある方ならわかると思うが、江戸川とは対照的に隅田川の河川敷はかなり狭く、ここに来ても有料席でなければとても見物できたものではない。あふれた見物客のフラストレーションが溜まり、警備現場も荒れやすいと聞いていた。

だが、このときは待機班*としての従事で、不測の事態が起こらないかぎり、小型警護車に乗車したままの待機となる。

隊員8名が機動隊の制服に身をつつみ、手持ち無沙汰で車内に座っている。すると誰かが小隊長に「何か買ってきましょうか?」と尋ねた。小隊長は「いいね。そうしよう」とうなずき、一番新人の隊員が外へ買い出しに出かけた。

30分ほどして戻ってきた隊員は焼きそばとコーラ*を詰め込んだビニール袋を抱

二小隊がレスキュー班、第三小隊が車両職質班となる。私はS班が一番楽という情報を知り、S班を希望し、X線免許も取得した。このときのS班の任務は「不発弾対策」なので不発弾がないかぎり出番はない。そもそも不発弾を処理したという話も聞いたことがない。花火大会警備で待機となるのはこのS班くらいで、ふつうの警備に当たっている全隊員はほぼ立ちっぱなし。噂どおりS班は恵まれた勤務であった。

焼きそばとコーラ こうした費用はすべて自腹。警察には経費という概念が薄かった。捜査費の場合はレシートが必要となり、捜査の張り込み中のパンやおにぎりは経費として請求できる。弁当は「食事」になるので経費精算できないと聞いたことがある。

えている。

「いや〜、出店、混んでて、時間かかっちゃいました」

「おっ、コーラもあるのか。気が利くじゃねえか」

車内で焼きそばを食べ始めたころに花火が始まった。河川敷に停められた小型警護車の窓からわずかに花火が見える。外は夜になっても30℃近くの熱帯夜だが、警護車内はガンガンに冷房が効いて快適だ。

「雨が降っても問題なし。窓は小さいけど、ここが一番の花火スポットじゃねぇか？」

同僚がそう言い、「こんな楽な仕事でいいのか？」なんて、花火を愛《め》でながらコーラ片手に焼きそばをつつき、和気あいあいと仕事時間をエンジョイするのだった。


極左暴力集団アジト*のガサ入れ警備にも行った。

アジト前に停められた指揮官車（ランドクルーザー）の屋根のお立ち台から、

「××社の責任者に告ぐ！　これから警察は裁判官の発した令状により捜索を開

アジト
アジトといっても街中の古い雑居ビルの一室で、たまに小さな事件を起こ

始する。ただちに扉を開けなさい！」と車載マイクで警告。しばらくしても扉は開かず、「警察はやむをえず強制力をもって扉を破壊する」という最終警告とともにエンジンカッター部隊の登場。キュイーン！と刃が鉄の扉を破壊して通用門を突破。××社側の数名と公安警察の担当者が「違法行為だ！」「令状があるんだ！」という押し問答を経て、公安警察が突入。私のような一般隊員は警備の名のもとにその様子を遠巻きに眺める。

それ以降、派手な逮捕劇や暴力集団の激しい抵抗もなく、2時間ほどしてダンボール数箱分の証拠品を持って公安担当者が出てきた。捜索が終わったあと、捜査の一環としてアジト内部を見学させてもらう。大学の部室棟のような室内に、気のよさそうなおじいちゃん活動家が数名、笑顔で世間話をしているのだった。

冬は初詣警備*がある。明治神宮は大晦日たくさんの人であふれ返る。配置につくのは12月31日午後10時で翌1月1日の朝5時までの警備だ。制服警察官（機動隊員）には外套と呼ばれる制服のコートが支給されており、冬はそれを着用するのだが、明治神宮の警備だけは外套の着用が禁止されていた。

しては公安のガサ入れを受ける、地元民にもよく知られた施設である。

初詣警備
調布署時代、大晦日の非番時にいったん帰宅してから夜に再出勤して深大寺（じんだいじ）の初詣警備についたことがあった。地元で有名レベルの神社や寺の初詣警備はこのように所轄で行なう。明治神宮の初詣警備のあとは皇居参賀警備があり、機動隊員に正月休みはない。終戦記念日には全国から右翼団体が集結する靖國神社警備があるため、盆休みもない。

「不体裁にわたるから」だそうだが、途中で休憩をはさむものの、7時間ほぼ立ちっぱなし。気温が0℃まで下がる深夜には寒さが身にしみる。

事前に先輩から、「すべてのポケットに使い捨てカイロを入れて、上も下もインナーを着ておけよ。とくに上は重ね着しておいたほうがいい」とアドバイスされており、同僚たちはみな制服がモコモコに膨れあがっている。

小隊長、このほうがよほど不体裁じゃないでしょうか?

某月某日 金欠疑惑：警察は金絡みトラブルを嫌う

「不祥事の前には兆しがある」――警察業界でよく言われるフレーズだ。

不祥事が自分の昇任に直結する幹部たちはあらゆるアンテナを張って〝兆し〟を発見しようとする。金づかいが荒いとか、反対に質素すぎる生活をしていても目をつけられる。*

あるとき、機動隊の仲間たちと出前をとることになり、みなそれぞれ注文をし

目をつけられる
私の同期には数百万円の

た。私はとくに食べたいと思うメニューが見当たらなかったので、持参していたレトルトパックご飯で済ませた。

それを見ていた先輩がふざけて、「安沼、金欠か？」と言った。「いや、そんなに腹減っていないんで」とすぐに否定したのだが、仲のいい同僚たちも「パチスロですっちゃったのか？」「かわいそうに。これからしばらく白ご飯生活だな」などと面白おかしく囃し立てた。隊内ではよくあるイジリで、私も特別気分を害するわけでもなく、「うるせーよ」と軽くかわしていた。

その数日後、中隊長から「安沼、時間あるか？」と個室に呼び出された。なんのことかわからずに部屋に入ると、中隊長は真面目な顔で、

「安沼、パチスロに入り浸って、サラ金に300万円も借金を作ったというのは本当か？」と言う。

あのときのやりとりにいつのまにか尾ひれ背びれ、さらに具体的な金額までついて、こんな話になってしまったのだ。

「そんなことはありません！」私はあわてて否定した。しかし、中隊長の顔から疑いの色は消えない。


借金を抱え、上司から依願退職を迫られた者がいる。彼は親族から金を集めて返済し、首の皮がつながった。犯罪を起こす者に容赦ないのは当然だが、この組織はお金にルーズな人間にも厳しい。不祥事の芽は早いうちに摘まねばならないのだ。

「明日、預金通帳持ってきましょうか?」

私がそう言うと、中隊長は「そうしてくれるか」と答えた。「そこまで言うなら信じる」となるものとばかり思っていたので、コケそうになったが、ここまで来たらあとには引けない。

卒配の調布署時代の手取りは20万円弱で年収400万円ほど*だった。寮費*が1万5000円、その中に電気・ガス・水道料金も込みで食事も平日は寮母さんが作ってくれるのでほとんど金がかからない。このときは30歳手前で年収600万円弱まで増える一方、相変わらずの寮暮らしで派手な浪費もしないので金は貯まっていた。

翌日、通帳を持参して、500万円ちょっと貯まっていた残高を見せると、

「俺は安沼に限って、そんなことはないと信じていたけどな」

と言いながら、中隊長の顔に安堵の色が見えた。

閉鎖的な組織では噂がリアリティーをともないながら雪だるま式に大きくなっていく。私は成り行き上、自発的に預金通帳を見せたわけだが、ある中隊では、所属する全員が通帳の残高の開示を求められたと聞いた。建て前上は「任意」と

年収400万円ほど
警視庁警察官の平均的な額だと思う。階級が少し上がっても基本給が少し上がるくらいなので、超過勤務手当(超勤)などで稼ぐかたちになる。機動隊の上司(警部補)は元刑事で、「巡査で刑事やってたころのほうが今より収入があった」と言っていた。相当な激務で超勤手当で稼いだのだろう。

寮費
調布署の寮は個室で洗面台もついていてじつに快適だった。ほかの署では3人部屋で寮費3万円というところもあり、寮費の基準がよくわからなかった。

機動隊という組織
機動隊はスローガンや標語を作るのが好きな組織で、隊員作の優秀作品がよく表彰されていた。た

いうことになるが、警察組織で上司からの指示が拒めるわけもなく、限りなく強制に近いものだ。

責任を取りたくないチキンな上司ほど、細かなところを追及してくる。そして、若手中心ということもあり、上司からの縛りが一段ときつい。これが機動隊という組織*の宿命でもある。

某月某日　**自殺**：「口外しないように」

他中隊の幹部が突然、寮にある私の部屋に乗り込んできて尋ねる。

「片桐を知らんか？」

錦糸町の独身寮では8畳の部屋に2名が寝起きしていた。署や隊によってはパーテーションで区切って半個室スタイルにするところもあるが、わが寮は共同使用で、そのルームメイトが他中隊の先輩・片桐さんだった。

「出勤時間になっても現れないし、全然、行方がわからんのだ。何か心当たりを

とえば、新年の目標では「悪くない　今年の目標　趣味貯金」とか、事故防止標語では「お土産は　無事故でいいよ　お父さん」といったもので、優秀作品を作った隊員は全隊員の前で名前と標語を読み上げられ、小っ恥ずかしそうにしていた。

知らんか？」

　昨晩私が部屋に戻ったときに片桐先輩はおらず、朝まで帰ってこなかったが、心当たりなどない。そう答えると、幹部は腕組みして考え込んだ。

　片桐先輩は出向先*から戻ってきて、つい数日前にこの部屋での生活をスタートさせたばかりだった。先輩風を吹かせることもなく、手土産を持って、後輩の私に「よろしくお願いします」と丁寧に頭を下げた、感じのよい人だった。

　結局その日、片桐先輩の行方はわからないままだった。

　さらにその翌日の朝、数名の幹部がやってきて、片桐先輩の部屋中をひっくり返して事細かく調べた。その場で私も再び事情を聞かれた。ただ、片桐先輩とは隊も別で勤務サイクルも違うので、やりとりといっても手土産のことくらいしか思い出せなかった。

　そして数日後、片桐先輩が亡くなったと聞いた。

　機動隊の中をいろいろな噂が飛び交った。

「新宿歌舞伎町のビルから飛び降りた」「上司からひどいパワハラに遭っていた」「遺族が激怒していて訴訟沙汰になるらしい」……すべて真偽不明で、われわれ

出向先
成田空港警備隊（通称・空警）から戻ってきたばかりだった。成田空港は全国の警察からの出向があるので全国の警察とのつながりができたり、昇任試験の一次試験が免除されるなど、そのメリットに惹かれて希望する人が多い。その一方で、中隊に馴染めなかった人が逃げるようにして出向を希望することもあった。片桐先輩は後者だったのかもしれない。

末端の隊員に詳細な情報が下りてくることはなかった。

それから1週間ほどがすぎ、全隊員が講堂に集められた。

「片桐巡査長は×月×日にお亡くなりになった。調査の結果、パワハラなどの行為はいっさい認められなかった。このことについては今後、口外しないように注意してほしい」

わずか1分足らずの簡潔な説明だった。

私には居心地のよかった機動隊にもいじめやパワハラは存在する。若者が多い体育会系ノリの組織ゆえ、鈍臭かったりするとイジられる。体力自慢や押しの強い人間も多いので多少度がすぎることもある。警察学校時代の私がそうだったように、イジられる側にとっては苦痛なこともあるだろう。ただ、殴る蹴るといったレベルのものは私の知るかぎり一度もなかった。

某月某日　警察官の恋愛事情：「そうだ、京都行こう」は困ります

独身の寮員のために所轄単位で「寮祭《りょうさい》」が行なわれる。高級ホテルの会場を借り、バイキング形式の食事や、ブランド品が当たるビンゴ大会などで女性を招き、寮員との出会いの機会を作るのだ。一時期テレビでよく放送されていた「自衛隊合コン」の警察版と言えばわかりやすいかもしれない。費用は積み立てた寮費でまかなわれるため、参加しなければ損ということもあり、私もよく参加していた。

寮祭には常連客がいる。それが寮祭キラーだ。参加費は無料だから、料理を食べて、ビンゴの景品をもらうだけもらったら、そそくさと帰る。そんな女性たちは「寮祭キラー」と呼ばれ、主催者に忌み嫌われていた。それでも私の周囲にも寮祭をきっかけにつきあったり、結婚したりする人もいたので、なんだかんだで成果が出ていた。*

30歳を目前にすると、警察学校の同期たちから次々に結婚の知らせが届くよう

成果が出ていた　2024年現在では、寮祭を実施しない署も増えているそうだ。リターン不確定な寮祭キラーに大盤振る舞いするより、自分たちのために使おうということらしい。寮祭で苦汁をなめた身からすると、それはそれで合理的な判断ではあると思う。

になった。そんな情報を耳に、私も真剣に寮祭に臨むようになったものの、引っ込み思案なところもあり、思うような成果はあげられないままだった。

年の瀬も迫ったある日、寮の有志たちとバーを貸切にして「手弁当寮祭*」を企画した。宴会の終わりごろ、最後の参加女性が遅れて駆けつけた。童顔にラフな服装で「どこぞの学生が迷い込んだんだ？」と思ったが、聞けばなんと1歳しか違わなかった。芸能人のスタイリストをしており、地元の友だちに誘われ、年末特番シーズンの繁忙期の最中、早めに仕事を切りあげて来てくれたという。

自己紹介もそこそこに一次会がお開きとなり、彼女を含めた数名で二次会のカラオケになだれ込む。この日は外泊届を出しているから門限を気にしなくていい。〝有事〟にも対応可能だ。カラオケに着いて早々、タバコに火をつける彼女。今も昔もノンスモーカーである私は辟易したものの、話してみるとあっけらかんとした性格で気が合った*。タバコをふかしながらmihimaru《ミヒマル》 GTを歌う彼女になんとなく惹かれた。朝までカラオケで盛り上がり（〝有事〟は訪れなかったが）、彼女はそのまま始発電車で仕事に向かうと言う。タフさに驚いた。

まもなくして訪れたクリスマスの夜、思い切って彼女をお台場の観覧車に誘い、

手弁当寮祭
その年の寮祭は寮役員の意向で「実施せず」となった。それでは「手弁当で」ということから有志と会場探しから始めた。寮費を使えないので参加女性からも会費を徴収させるをえなかった。

気が合った
「警察官との合コンって初めて参加したけど、今日話した人全員から、あいさつ代わりに年齢聞かれた。みんな女性の扱いに慣れてないんだなと思った」と笑った。年齢は彼女のほうが下だが、お姉さんのようなやさしさを感じて好きになった。紹介してくれたカナさん、御恩は一生忘れません！

夜景の力を借りて告白に成功。しかし、24時の門限が迫っていたので仕方なく帰ることに。彼女は「シンデレラみたいだね」と笑った。こうして彼女との交際が始まった。

当然、彼女は私が警察官だということを知っていた。ただ、親戚はおろか知り合いにも警察官などいないらしく、警察にも特別な印象は何も持っていなかった。仕事のことをあれこれ聞いてくることもなく、「夜勤ってたいへんでしょ」くらいしか言わなかった。そんなところも気に入った。

つきあい始めて半年ほどすると、互いに結婚を意識し始め、ご両親へのあいさつも兼ねて彼女の実家である鳥取へ泊まりがけの旅行を計画した。

警察官の外泊には届け出が必要だ*。「外泊・旅行届」という書類を提出しなければならない。震災など有事の際に所在地を把握し、連絡先を確保するためとされている。調布署時代、私は月1回、実家の相模原に帰る際に外泊届を出していたが、担当係長からはよく「クルマじゃなくて電車で行けよ」と釘を刺された。車両事故を気にしているのだ*。「もちろんです」と言いながら、黙って実家のクルマに乗っていたが。

届け出が必要
さらに海外旅行の場合、外泊届に加えて渡航届も必要で、本部の人事課まで通さなくてはならないため、最低1カ月前までの申請が求められる。

車両事故を気にしている
あるとき、相模原でミラーをこする軽い物損

鳥取旅行の届け出を提出したところ、上司である中隊長から、

「まあ、俺は止めないけど、結婚前なのによくもこんな届けを出せるな。うちじゃ、『そうだ、京都行こう』みたいなノリで旅行行かれたら困るんだよ。〝上〟がどう思うか、よく考えろよ」*

とアドバイスか、小言か、愚痴かよくわからないことをぐだぐだと言われた。逆に反抗心が湧いてきて、そのまま押し通した。

彼女の実家では、ご両親から「警察官」というだけで無条件に信頼された。「警察官なら安心だな」「頼りがいがありそうでいいわ」……。

警察の内情を知っている私としては、「警察官というだけで信頼しちゃいけませんよ」と思ったものの、もちろん口には出さなかった。

出会ってから1年半後に入籍し、その半年後に結婚式を挙げた。

現在、結婚15年目を迎える。出会ったころ警察にまったく関心のなかった妻は今では、警察ドラマを観ながら、「この刑事はいつになったら異動するんだろう?」「こんなオシャレな髪型してたら上司から怒られるわ」などとツッコミを入れるほど警察事情に精通している。


事故を起こしてしまった。本来ならこれも地元警察に届け出て事故扱いしなくてはならないのだが、面倒になりそうだったのと、相手に謝罪したら「いいよ」と言われたため、スルーして職場にも報告しなかった。たまに事故を起こして逃げて処分される人がいたが、隠蔽したくなる気持ちも理解できる。

よく考えろよ
同期が京都への新幹線旅行を計画し、旅行の2日前に小隊長に届け出た。彼は小言を食らい、結局旅行を断念することになった。警察業界的には遅い届け出かもしれないが、その話を聞いた私はつくづく理不尽な組織だと思った。

某月某日 3・11被災地派遣：「余計なことしちゃったかな」

3・11*東日本大震災から2週間後、私の中隊は被災地・岩手県への派遣を命じられた。*震災被害のすさまじさはテレビの報道で見ていたこともあり、このときばかりは少しでも被災地の役に立ちたいと身が引き締まる思いがした。

すでに被災直後に派遣された先発隊からは、最低限の食料を糧に底冷えする体育館で寝泊まりした経験を聞いていた。現地で体調不良になって迷惑をかけるわけにはいかない。私は当時住んでいた武蔵小山のアーケード商店街*で予備食や防寒具をたくさん買い込み、万全の準備を整えた。

3月下旬、われわれの中隊40名はバスやレスキュー隊の車両に分乗して岩手県の被災現場へ到着する。体育館などに泊まり込むものとばかり思っていたのだが、機動隊の宿泊先として豪華な旅館が用意されていた。食事もバイキング形式で、旅館の従業員の人たちも旅行客を迎えるように丁寧に給仕してくれる。被災して

3・11
3・11当日、私は刑事講習の一環として渋谷署での実習に参加していた。かつて経験したことのない強烈な横揺れが渋谷署を襲う。揺れがおさまり、署内のテレビで被災地の惨劇を目撃した。警視庁警備規定では震度5強以上の地震が発生した

避難所で雑魚寝している人たちのことを思うと申し訳ない気持ちになり、少しでも役に立たねばならないという焦りにも似た感情がつのる。

この旅館を拠点にして、朝8時にバスに乗り、被災現場へ向かう。

テレビで見たあの悲惨な光景が目の前に広がる。見渡すかぎり土砂や瓦礫に覆われ、つい1カ月前までここで暮らしが営まれていたことが信じられない。自分がいるのは映画やテレビゲームの世界のように思え、現実感がないのだ。

われわれの任務は行方不明者の捜索だ。各中隊ごとに捜索場所が割り当てられ、瓦礫を取り除きながら行方不明者を探す。

すでに地震発生から2週間以上がすぎ、生存者がいる可能性はほぼない。われわれが探すのはご遺体だ。

まだ底冷えする岩手の大地だが、瓦礫を片付けながら捜索を続けるとものの10分あまりで汗がにじんでくる。自分が遺体を見つけたくない気持ちと、一刻も早く見つけてあげたい気持ちがない交ぜになる。ほかの中隊からは次々と不明者発見の報告が届く。捜索開始から数日、われわれの中隊での発見はないままだった。

日が暮れる午後5時になると捜索が終了となり、われわれはバスに乗り込み、

場合、命令を待たずに自主参集することとされている。われわれ実習参加者は署内で待機することになった。渋谷署の受付には地理案内などで人だかりができ、渋谷駅前のバスターミナルも大混乱だった。しばらくして私は無線機を持って管内の状況の視察に出たが、人がごった返すものの大きなトラブルはなく、その後バスターミナルに交通整理に向かった。その後もさまざまな対応に追われ、帰れたのは翌日の昼すぎだった。知ってのとおり、この日は多くの帰宅難民が発生した。多くの現場の警察官は交通整理などに追われ、たいへんだったと思う。そんな中、某署では自転車泥棒の大量検挙があったという噂を耳にした。帰宅難民の中、自転車に乗っている人に声をかけると、ほぼ自転車泥棒で入れ食

宿舎へと戻る。道中、道ゆく人々が機動隊のバスに向かって深々とお辞儀をしてくれる。被災した人たちのそんな姿に身の置きどころがない。われわれは敬礼を返すことしかできないのだ。
明るい宿舎で夕食をとっていると、さっきまでいた現場の光景がウソのように思えてくる。ふだんは和気あいあいとして、何かにつけてふざけ合う同僚たちもなんとなくふさいでいる。冗談を言い合える雰囲気ではない。
さらに数日が経ったある日の午後、これまで発見がなかったわが中隊の仲間が「発見！」と大きな声を上げた。私も駆けつけ、瓦礫をかき分ける作業を手伝う。遺体を傷つけないように丁寧に行方不明者が運び出される。
泥人形——誤解を恐れずに言えば、その表現がしっくり来る。大きさから成人であることはわかるが、もはや性別も年齢もわからない。警察官として、ふつうの人よりはたくさんの遺体に接してきたが、そのどれとも違う。彼、もしくは彼女は最後に何を思ったのだろう。いや、そんなことを考える暇もなかったのかもしれない。痛かったのか。苦しかったのか。何よりきっと無念だったろう。泥だらけの遺体を前に、私は無力感に押しつぶされそうになる。

い状態だったらしい。

派遣を命じられた
派遣は基本的に2週間単位で、各隊の中隊ごとに交替で岩手や宮城に派遣されていた。

武蔵小山のアーケード商店街
武蔵小山商店街パルム。完成した当時、東洋一のアーケードと呼ばれた。それからさらに延伸拡大を続け、今でも日本最大級の長さを誇る商店街となっている。新婚当時、休みの日は妻とよく「ムサぶら」をしていた。

「全員、気をつけ！」小隊長のよく通る号令でわれに返る。
「合掌！」遺体はわれわれ機動隊員に見守られながら専用車両で送り出された。

１週間ほどすると、捜索活動が落ち着き、待機の時間が長くなる。* そもそも機動隊は通常の任務でも待ちの時間が長く、待機には慣れている。隊員は寝たり、昇任試験の勉強*をしたり、本を読んだり、スマホを見たりと思い思いにすごす。泥だらけになりながら不明者捜索をするよりもこうしていたほうが圧倒的に楽ではある。だが、この被災現場でそうしているのは座りが悪い。その狭間で、私は悶々とした時間をすごす。

警察は組織の指揮系統で動いており、命令なしに勝手に動くことなど許されない。この状況に居ても立ってもいられなくなった小隊長は、人出しする旨を上司に伝えた。提案はすぐに採用され、わが中隊にも新たな命令がくだり、再び慌ただしくなる。準備の整った隊員から次々と出かけていき、バス内に小隊長と私の２人きりになったときだった。
「余計なことしちゃったかな」

待機の時間が長くなる
一度捜した場所は捜索終了となるため、日が経つにつれて範囲が狭まっていき、人員が余るようになってくる。朝、旅館を出発し、現地まで行くのだが、バスの中で待機する時間が続くようになった。

昇任試験の勉強
「刑事資料」と呼ばれる部内向けの講読誌や、「青表紙」と呼ばれる事例解説に特化した冊子などをテキストに勉強する。また、市販のものとしては月刊誌の『警察公論』（立花書房）の付録「一問一答」があり、私は「一問一答」派だった。

小隊長がつぶやく。小隊長の弱気な姿*を見るのはそれが初めてだった。

「われわれは待機するためにここに来たわけじゃありませんから」

その言葉は小隊長を鼓舞するためであると同時に、一瞬でも「楽をしていたい」と思った自分に対する戒めでもあった。

捜索活動にメドがつくと、機動隊員の仕事はパトロール活動に移行した。3人1組になり、捜索の終わった瓦礫の中をひたすら歩く。火事場泥棒の防止や行方不明者捜索を兼ねながら、拾得物の収集も行なうのだ。現金のほか、写真や手帳などの思い出の品が泥の中に埋もれている。瓦礫を重機で処理していく自衛隊の邪魔にならぬよう気をつけて歩きながら、そうした品をひとつずつ拾っていく。

作業を続けながら、私はあらためて自衛隊の底力を思い知った。見渡すかぎりの瓦礫の山を、彼らはひたすら重機で片付け続ける。

宿舎に帰る途中で見た自衛隊の野営地は、広大な土地に整然とテントが並び圧巻だ。と同時に、宿舎に戻れば、風呂と食事が用意されているわれわれとの待遇の差に申し訳ない気持ちも湧いてくるのだった。

小隊長の弱気な姿

小隊長（警部補）はよくプレイングマネージャーにたとえられる。所轄では中間管理職のイメージが強いが、機動隊では指揮をとる中隊長（警部）と最前線に立つ分隊長（巡査部長）のパイプ役で部隊の要だ。機動隊時代、何人かの小隊長に仕えたが、この人は刑事経験が豊富で「黙って俺についてこい」タイプだったので、こんな姿は意外だった。

第3章

事件は××で起きている

某月某日 **社会不適合警官**：久しぶりの交番勤務

機動隊生活も満期*を迎え、異動の時期が来た。

警察内部ではよく「ノルマのない機動隊は気楽」などと言われる。実際に経験してみて、たしかにそうした側面があるのは否定できない。ただ、機動隊を経験していない警察官から「機動隊って立ってるだけでしょ？」などと言われると、腹が立ってくる。そう思うくらいには機動隊への誇りと愛着を持てるようになっていた。地域警察よりも充実感を得ていた私にとって一抹の名残り惜しさを抱えつつの異動となった。

警察内部では異動の時期が来るたび、「異動先希望調査」が配布される。ここには希望先を第一から第五まで書く欄がある。

私は「新宿」「渋谷」「池袋」「蒲田」「麻布」の順番で希望を記入して提出した。

一般的に新宿署や渋谷署はその忙しさから非番で夕方まで事件処理などというこ

機動隊生活も満期
昇任しないかぎり、所轄の満期は5年、機動隊は3年となる。昇任すると基本的に異動になるため、居心地がいいと昇任試験をがんばらなくなるという側面も。一昔前までは機動隊に同じ階級のまま10年も居座る者もいたそうだ。そういう人が階級を超えた絶対的組長として隊内に君臨し、対暴徒などに力を発揮していたという。最近は荒れた現場も少なくなり、なるべく地域現場の警察官を手厚くする風潮もあって機動隊の満期が短くなった。

ともざらにあり、人気が高いわけではない。

だが、私としては警察学校時代に研修で訪れた渋谷署の活気あふれる雰囲気に惹かれ、のんびりとするよりバリバリ仕事をしたかった。また、一度勤務した所轄には再度勤務することがないため、若いうちにたいへんな署を経験しておきたいという打算もあった。

しかし、私の異動先は杉並区にあるＴ署に決まった。警察人生で幾度となく「異動先希望調査」を書いたが、記入した希望先に行けたことは一度もない。

Ｔ署管内のＮ交番。久しぶりに交番勤務となった私のパートナーは山之内という巡査部長だった。山之内はずんぐりとしたアラフィフの独身男だった。

勤務初日、山之内が話しかけてきた。

「柿持ってきたから、剥いてくれない？」

「包丁ありますか？」

「そこにカッターあんだろ」

山之内はペン立てにある錆《さび》だらけのカッターを指さす。

「え⁉」固まる私。「なんだよ、柿の一つも剥けないのかよ」

そう言うと山之内はペン立ての錆付きカッターを取り出し、手も洗わないまま、器用に柿を剥き始めた。

「ほら、食えよ」剥いた柿を手掴みで勧める。山之内は一見して身なりがだらしなく清潔感の欠片もないうえ、指先も黒ずんでいる。手なんか一日中洗わないのではないか。それでも先輩からの好意に、初日から関係性を悪くしたくないと思った私は無下に断ることもできず渋々食べた。

その後、交番で一緒に勤務する中で、素麺を茹でてザルがなかったため、三角コーナーで湯切りをするなど山之内の数々の変人ぶりを目撃することになる。衛生観念が皆無でも警察官は務まるらしい。

それだけではない。相談に来た女性の胸や足を凝視*したとして苦情を受けるなど、山之内は地域住民とのあいだに数々のトラブルを抱えていた。山之内にくらべると、布田交番の浦口や神宮司が〝超優良警官〟に思えてくるほどだ。

〝社会不適合警官〟山之内*との勤務は大きなストレスになった。どうやらこのN交番で山之内と一緒の勤務になった者はもれなく音をあげるようで、T署に異動

女性の胸や足を凝視
T署管内で唯一、女性警察官のいる交番に、山之内が応援に行った際のこと。「おまえ、ちゃんと耐刃防護衣（制服の上着の下に着用している鉄板入りのベスト）つけてっか？」と言って、防護衣の上から彼女の胸をさわ

してきたばかりの私にお鉢が回ってきたようだった。

そんな山之内は、職質や交通取り締まりはふつうにこなすものの、事件の扱いとなると途端に尻込みする。というのも、事務処理能力が低く、パソコン操作にも疎いので報告書が書けないのだ。

赴任して2週間ほどしたある日、山之内が扱った事件の報告書を私が代わりに作成したところ、「いや〜、安沼君、悪いねぇ」と急にしおらしくなった。〝社会不適合警官〟ではあるが、笑顔は子熊のようでどことなくかわいらしい。

「助かるよ。柿、食う？」

そう言って、錆びたカッターに手を伸ばす山之内を、私はあわててて制するのだった。

某月某日　**万引き処理**：「被害届出さなくていいんですか？」

「すみません。万引き犯を捕まえたんですけど」

り、問題視されたという。

〝社会不適合警官〟山之内
こんなやつでも巡査部長になれるのかと思ったが、聞くところによると山之内は「推薦」だったという。巡査部長への昇任には通常の試験のほかに、所属長による推薦というパターンもある。ただ山之内はどう考えても推薦されるような人間ではない。昇任すれば異動となるので、前任署の署長が厄介ばらいのため無理やり「推薦」で巡査部長にしたのではないかと思う。

60代前後の男性が2人、N交番を訪れてきた。*

1人は大手コンビニチェーンの制服を着ていて、もう1人はうなだれて、奇麗とは言い難い身なりだった。

「盗んだ商品はどこですか？　犯行時刻はいつですか？」

見張り所にいた私が尋ねると、制服の男性は手に持っていたビニール袋からチョコやセンベイなどのお菓子を取り出し、机の上に並べる。男性はN交番近所のコンビニのオーナーで、店の商品をポケットに入れて会計をしないまま外に出た男を今さっき捕まえたらしい。バックヤードで事情を聞き、ポケットのものを出させて、うなだれる万引き犯と一緒に歩いて交番まで来たのだ。

そんなやりとりをしていると、奥にある待機室から山之内が出てきて、まあまあというように私を手で制する。

「わかりました。それじゃあ、あとはこっちで処理しておきますんで」

山之内はオーナーに向かって、そう言う。オーナーはどういうことかわからずに戸惑っている。私はぎょっとして山之内の顔をのぞき込む。

「被害届とか出さなくていいんですか？」オーナーが山之内に問うと、

N交番を訪れてきた
万引き犯の扱いに不慣れな店ほど交番に直接やってくる。被害状況や被害品を詳しく聞くと、「私が捕まえたわけじゃないんです」とか「商品は店に置いてきました」となり、最終的に「おまわりさんのほうで注意してくれればいいです」となることが多い。その点、大手スーパーやドラッグストアに派遣されている万引きGメンは慣れたものでバックヤードに被疑者と被害品を確保したうえで110番する。110番だと、方面系無線で情報がいっせいに流れるため、こちらも対応しやすいのだ。

ノルマはあくまで職質検挙数
たとえば、万引きでも店員が発見するより先に万引き犯を職質して検挙すれば「職質検挙」になる。

「それじゃあ、正式に処罰するってことでいいですか？　被害届の調書とか、けっこう時間かかりますよ。それでもよければ、これからパトカーで署に連行しますけど、もちろんオーナーにも同行願いますよ」

圧をかけるようにそう言うと、オーナーも「まあ、そこまでは……」と及び腰になってくる。

「二度とこんなことがないように厳しく注意をしておきますから」

押し込むように山之内が言うと、オーナーも仕方ないという態《てい》で、「よろしくお願いします」と帰っていった。

万引きを立件するには、①目撃者、②被疑者、③被害品の3つを確保することが必須である。実際、①②を確保して署に連れてきたのに、③をトイレに流されてしまい、立件ができなくなったというケースもある。今回の場合、現行犯で捕まえていて、③の被害品も揃っているので立件は可能だ。

だが、現場レベルでは、店側が捕まえた万引き犯を事件化することは評価されない。ノルマはあくまで職質検挙数*で、店側が捕まえたものはノルマに算定されない*のだ。だから、山之内としても今回のようなケースは扱いたくないというの

だから、万引きGメンの真似をして「職質検挙」に励む警官もいた。とあるドラッグストア前の駐輪場で盗難手配の出ている自転車を発見し、張り込んでいたときのこと。ドラッグストアから少年が飛び出し、それを追うように店員が続く。「万引きですか？」と聞くと、「そうです。あの子！」と言うので、私が素早く追いかけて少年を確保した。このような場合も職質検挙となる。なぜ、こんなにも職質検挙にこだわるのか？『警察白書』の統計などで「職務質問を端緒とした検挙数」をアピールし、より職務質問をしやすい雰囲気を作りたいという警察庁の思惑があるように思う。

ノルマに算定されない
万引き犯を次々に捕まえてくる凄腕おばちゃん万引きGメンがいた。凄腕

が本音だ。

万引き犯を捕まえたオーナーの気持ちを思えば、きちんと事件化しなければならないと思う一方、山之内のようにさばくのも一つの手だと納得してしまう自分もいた。いちいち杓子定規《しゃくしじょうぎ》にすべてを事件化していたら、調書や被害届の作成など事務処理*が増えすぎて、日常業務に支障をきたす。また、事件化したところで店側（今回はオーナー）は時間を取られるだけで、1円のトクにもならない。たまに「犯人から慰謝料とか賠償金*とか取れないんですか？」と聞かれることがあるが、警察の立場としては「それは民事の問題となります」と答えるしかない。

ひとり残された万引き犯を椅子に座らせると山之内は、「あんた、身分証見せてくれる？」と高圧的に聞く。

「持っていません」うつむいたまま、万引き犯が言う。

「それじゃあ、住所と名前をここに書いて」

万引き犯が記入したメモ用紙を眺めながら、

「あんたねえ、こんなバカなことしてしょうがねぇなぁ。いい歳こいた大人だろ。しっかりしろよ。だいたいなあ……」。


おばちゃんは万引き犯を捕まえるたびに、「また捕まえてあげたわよ」と喜びなさいとばかりにドヤ顔で報告してくるのだが、心の中では「手間がかかるだけなんだよなあ」とぼやいていた。

事務処理
犯行現場の実況見分調書を作ったり、被害品を一つ一つ写真に撮ってまとめて写真撮影報告書を作ったりしなければならない。

慰謝料とか賠償金
送致後に検察が起訴するかしないかの判断材料の一つに「示談の成立」がある。慰謝料の支払いなどで店側が被害を取り下げれば、起訴される可能性は低くなる。

愚痴のようなストレス発散のような、中身のない説教を5分ほどしたのち、「今日のところはもういいけど、二度とするんじゃねえぞ」と言って、万引き犯を解放したのだった。

ちょうどこのころ、万引きに関して、警視総監の名前で「ゲートウェイ犯罪としてきちんと対処するように」と、被害者を説得してでも全件送致するように通達が出ていた。

「こんなんで時間とられてさ、職質検挙ありませんでしたとか言っても許してくんねえだろ。まあ、今回は向こうだって被害届出したくなかったわけで、しょうがねえよな」

被害届を出さないように仕向けたのは自分のはずだが、私の目を気にしてか、山之内がそんなことをぼやく。

万引き犯に書かせた住所・氏名のメモだって、山之内のことだから、すぐにシュレッダー*に違いない。いや、情報管理という概念のない山之内ならそのまま丸めてゴミ箱行きかもしれない。

シュレッダー
各交番にはシュレッダーが常備されている。情報管理の徹底が言われ、紙切れに交番来訪者の名前を書いただけでも個人情報としてシュレッダーにかけるように教育されていた。ある交番では、物損事故の報告書の書き損じと思い込んで正本をシュレッダーにかけてしまい、たいへんなことになったと聞いたことがある。また、某署で証拠品の覚醒剤を紛失し、大捜索の結果、シュレッダーの刃から覚醒剤成分が検出され、「シュレッダーにかけたと思われる」と結論づけたという話も。

某月某日　職質検挙1件ゲット！：高揚感と安心感

「ちょっと一緒に来てもらっていいですか？」

自転車に乗る青年に声をかけて登録ナンバーとの照会をすると、自転車は別人のもの。最寄りの交番まで任意同行を求めてそう告げるやいなや、青年は自転車に乗って逃げ出した。

このとき私は近隣の交番に応援*に来ていて、ひとりで夜のパトロール中だった。無線を取り出す暇もなく、あわてて自転車にまたがり、猛スピードであとを追う。角を2つ曲がったところで、横倒しになった自転車を発見。乗り捨てて、そのまま走って逃げたのであろう。

まだ近くにいると踏んだ私は自転車のスピードを落として、付近を捜索する。急なダッシュで心臓がバクバクしているのとともに、「職質検挙」がちらつき胸もドキドキしてくる。青年の様子からいって「リーチ」や「激アツ」どころでは

近隣の交番に応援
署員が初任総合課程（初総）や講習に行ったりして、地域警察は常時人手不足だ。交番の中でもつねに開設しなくてはならない拠点交番というものがあり、その人員を厚くするため、近隣の交番から応援に行かされる。若手に管内を見て回らせて勉強させるという意味合いもある。この当時は、夜勤3回に1度くらいの

ない。完全に「クロ」だ。

乗り捨てられた自転車から50メートルほど先で、民家と民家のあいだに身をかがめて潜む青年を発見。自転車を止めて駆け寄る。私が近づくと、顔を引きつらせた青年はその場でゆっくりと立ち上がる。

「急に逃げ出すなんて、指名手配でもされてるの？」

じっくりと顔を見るとずいぶんと若い。たぶん大学生くらいだろう。

「いえ、違います」目を合わせずに青年が答える。

「身分証見せてくれる？」

ポケットから財布を取り出して手渡してくる。私立大学の学生証で、20歳は超えている。

「これ、預かっとくよ」

本来であれば、勝手に学生証を取り上げることなどできない。相手は逃げ出した負い目から、こちらの要求を断りづらいと見越しての強引な提案だ。

こうして一応、相手の同意のもと、身分証を預かる*ことができた。こうすれば、万一、再び逃げ出されても大丈夫。私は落ち着いて尋問を開始する。


ペースで応援に行った。もしかすると、社会不適合警官・山之内とずっと一緒だとストレスが溜まるだろうという配慮があったのかもしれない。

身分証を預かる
どちらにしろ署に着いた段階で身分確認のため提出してもらうことになる。その際、「任意提出書」という書類に署名してもらう。被疑者の任意提出（限りなく強制に近いものだが）を受けた警察官は「領置調書」を作成し、任意提出にもとづいた領置であることを担保する。領置というのは押収の一種で、こうして警察の占有下になった身分証の両面をコピーする。その後、被疑者に返す際にも「還付請書」に署名をもらい、ちゃんと返したことを担保する。コピーひとつとるのにもこれだけの手続きを経るのだ。

「ところで、あの自転車はどうしたの？」
「すみません。盗ってきてしまいました」

早い。あっけなく青年は罪を認めた。じつはここで自転車のことをしらばっくれられると立件は難しい*。素直な青年で助かった。

ホシが「落ちた」あとはなるべく穏便に大ごと感を出さずに粛々と手続きを進める。聞くと盗んだ場所がすぐそばだったため、犯行場所へ案内させて、そこで青年に「ここから盗りました」というふうに指でさし示してもらったところを写真撮影しておく（これを引き当たりという）。

交番に戻ったあと、到着したパトカーに乗せて、署まで同行する。署で供述調書を取るため*だ。警察官は捕まえて終わりではない。煩雑な書類手続きをこなさなければならないのだ。とはいえ、「職質検挙1件」が獲得できた私は高揚感と安堵感に包まれて、面倒な書類作成も苦にはならない。

その後、被疑者の家族に連絡すると、母親が迎えに来た。身柄引請書を書いてもらい、被疑者を解放する。そして、書類を揃えて検察に送る*。われわれおまわりさんの仕事はこれで一件落着。刑事ドラマにくらべるとはるかに見劣りするが、

しらばっくれられると立件は難しい
「そんな自転車にはそもそも乗っていない」などと言い張られると、手元に被害品（自転車）がないので目撃者が必要になる（目撃者がいないかぎり厳しい）。また、職質したタイミングで「この自転車が落ちてたんで交番に届けようとしていたところでした」などと言い張られるとこれも厳しい。これが職質検挙の難しさである。

供述調書を取る
供述調書には、被疑者の「人となり」を記載するものと、「犯行事実」を記載するものとの2種類がある。さらに、被害品の自転車を警察に提出する「任意提出書」やその所有権を放棄する「所有権放棄書」を被疑者に書いてもらう。そして、被疑者登録といって被疑

街のおまわりさんが経験するのはせいぜいこの程度の事件なのだ。

職質検挙があると、噂はすぐに管内を駆けめぐる。勤務を終えて署に戻ると、会う人会う人に「やったな」とか「おめでとう」といった祝福の声をかけられる。まんざらでもない気分でいると、不満顔の山之内が近づいてくる。

「なんだよ、おまえ。俺と一緒のときは本気出さねーのかよ」

2人で「職質検挙」をすれば、1人0・5件とカウントされる。つまり、なんで職質検挙が自分と一緒のときではないのだ、と言いたいらしい。返答に困った私が「運がよかったです」と答えると、山之内は「ふん」と鼻で嗤《わら》って去っていった。山之内には悪いが、応援で運よく「職質検挙1件」を独り占めした私はルンルン気分で帰途につく。

某月某日**「留置ってベロリですよ」**：留置係の1日

ある日の勤務終了後、「話がある」とのことで地域課長から小部屋に呼び出さ

の写真（全身、正面、横、斜め）を撮り、プラテンという専用の機械で指紋もとる。並行して防犯登録の所有者に連絡をとり、所有者を確認、自転車の写真を撮って「被害品撮影報告書」などの書類を作る。これらの手続きに最低1時間を要する。

検察に送る
執行猶予中とか住所不定とかでないかぎり、逮捕はしない。「逮捕」となれば書類の量が増えるし、留置係にも歓迎されないのだ。逮捕しての捜査を「強制捜査」と呼ぶのに対し、逮捕しないで行なう捜査は「任意捜査」と呼ばれ、基本的にはこちらが優先される。自転車盗の任意捜査なら、われわれ地域課だけで処理でき、捜査課の手を煩わせることもない（18歳未満の少年の場合は生活安全課の少年係に引き継ぐ）。

れた。
「じつは配置替えの話があってね。うちの留置に急に空きが出たんだ」
警察内部では、署からほかの署や機動隊などに行くことを「異動」といい、同じ署内で交番勤務から刑事や留置などの部署に移ることを「配置替え」という。前者は定期的な人事異動で年に数回だが、後者は所属長の判断で状況に応じて行なわれる。

逮捕されたとき、最初に入るのが「留置場」だ。それから起訴されて裁判を受けることになると「拘置所」へ行き、有罪となれば「刑務所」で服役*する。この留置場を管理するのが「警務課留置係*」である。

警務課留置係は、刑事課への登竜門的部署でもある。前述したように、警察官になったばかりのころ、私に刑事への憧れは皆無だった。ただ、機動隊の卒業土産に行かせてもらった刑事講習で、自分とは別世界だと思っていた刑事という仕事に興味が湧いていた。「留置」に行くことで刑事への道も広がるわけだが、私には何より社会不適合警官・山之内からの解放がありがたい。

「ぜひよろしくお願いします」私は即答した。

作成する書類も逮捕事案にくらべて少ない。前歴がない等の一定の条件を満たせば、さらに簡略化された「微罪処分」という手続きで済む。つまり、今回のような被疑者は、手続きも簡単で、警察にとって「上客」と言える。

「刑務所」で服役
子どものころ、母から「万引きなんかしたら、すぐ刑務所行きだよ！」とよく脅されたが、それは間違いだ。万引きなどの犯罪を行なっても、被害額が少額だとか、身元引受人がいるといった理由があれば、逮捕される可能性は低い。逮捕されたとしても、弁護士などを通じて被害弁済がなされれば起訴される可能性も低い。起訴され、刑務所行きに至るまでにはそれなりのハードルがあるのだ。

「留置って、仕事さえ覚えたら〝ベロリ〟*ですよ」

私が留置係に赴任するタイミングで、引き継ぎ事項のやりとりを終えたあと、前任者はこう言って笑った。果たして、実際に3カ月ほどでひととおりの仕事を覚え切ると、たしかに楽だった。

鉄格子で閉ざされた薄暗い部屋に鎮座する凶暴な犯罪者、それを高圧的な態度*で見張る看守……古いテレビドラマに描かれたそんな世界はもうない。

各部屋に鉄格子はあるが、明るくて風通しもいい。留置されている側にとりたてて反抗的な人はおらず、となるとわれわれ留置係も高圧的な態度をとる必要もない。私も、敬語を使ってくる被留置者には敬語で応じていた。

まず、留置係には地域警察時代に追い回されたノルマがない。そして、仕事が留置場内と事務室で完結するため、機動隊のように暑さや寒さの試練や、体力も必要ない。さらに拳銃や警棒を吊らないので腰も楽。そのうえT署では被留置者が少なく、そもそもの仕事が多くない。

「留置」も勤務形態は交番と変わらない。「地域」は1～4係と呼ぶのに対し、

警務課留置係
これが正式名称だが、署員のあいだでは「留置」で通っている。通常、警務課は受付のある1階に配置されていることが多いが、留置場は逃走防止の観点から必ず2階以上に配置されているため、同じ警務課であるという意識は薄い。新宿署のみ、留置が「留置管理課」という名称で1つの課として独立している。

ベロリ
警察内で使われる隠語で「楽」の意。機動隊でも待機ばかりするリベロ（突発待機班）を「ベロリベロ」などと呼んだ。

高圧的な態度
交番ではとにかく丁寧な市民応接が求められるのに対して、留置では丁寧すぎず、厳しすぎない絶妙な対応が必要だ。署によっては、被留置者への

「留置」は1～4部と呼ばれ、同じサイクルで仕事が回る。1つの部で主任（巡査部長）と班長（巡査長）がペアになる。私のペアは工藤巡査部長。クセモノが多かった「地域」とくらべ、工藤巡査部長は穏やかな常識人だった。

朝7時すぎに出勤。被留置者の運動立ち会いなどのあと、8時半、護送バスが到着し、その日に検察庁や裁判所に行く被留置者をロープで一つなぎにして送り込む。これを巡回護送（通称「巡送」）という。話題の事件だと、報道機関からあらかじめ撮影の申し出があるので、対象となる被留置者を先頭にして映しやすくサービスする。バスに乗る直前には、少し間を置き、シャッターチャンスを提供することもある。

大きな事件で報道陣が大勢集まると、護送口と呼ばれる被疑者専用の通用門にふだんより多くの署員が集まる。一般の署員も含めて、全署員で警戒にあたるわけだ。と同時に、みんなテレビに映りたいのだ*。

T署には映り込みに命をかけるお調子者がいて、報道陣にカメラ目線を送っては副署長から「出すぎだぞ（笑）」と注意されていた。ある日、彼がキメ顔でカ

抑止力のため、「オラオラ系」の高圧的対応が上司に好まれるところもあると聞く。

テレビに映りたい 還暦のおじいさんが若い女性をダマしたという詐欺事件の送致の際、私もテレビに映り込んだ。たいした事件ではなかったが、テレビ局がネタ

メラに目線を送り、放送を楽しみにしていたところ、顔にモザイクがかかっていたという。連行する警官にモザイクなんて前代未聞だと署内で話題になった。

9時半から、被留置者を取り調べへ送り出したり*、ボールペンの貸し出しや手紙発信などの対応。被留置者たちはわれ先にとボールペン貸し出しや手紙発信を申し出てくるのでこの時間は忙しい。手紙の処理では、内容に問題がないかを係長に検閲してもらったり、被留置者の所持金から切手代を引いたりする。その後、取り調べから戻ってくる被留置者の対応。

お昼は、被留置者への配膳と下膳。食後、場内にあらかじめ録音しておいたNHKニュースや音楽を流す。

被留置者はだいたいこのあと寝るので場内は静かになり、13時までは取り調べも面会もないため、われわれはリラックスタイム。

午後は、調べ出しや面会や巡視などの対応。この時間帯に署長が巡視に来るので、「総員12名、護送4名、調べ3名、現在員5名！」などと元気よく申告。

その後も、調べ出しや面会などの対応が続き、午後4時15分が本来の退庁時間なのだが、日勤では巡送で行った被留置者が護送バスで戻ってくる（これを「逆

不足だったのだろう。昼前、留置事務室でテレビを見ていたら、フラッシュニュースが流れ、被留置者と一緒に私が映った。見ていた同僚が「おお、映った！」とか「安沼班長、全国デビューだね」とか言いながら盛り上がった。ちょっと嬉しかった。

取り調べへ送り出し 取り調べで被留置者を出す際には、場内に入って被留置者に手錠をかけロープでベルトにつなぎ一緒に留置場から出て捜査員に引き継ぐ。

柔道や剣道の訓練 出勤が早く朝練に出られないので、たまにこうして単位稼ぎをしないと柔道や剣道の先生から怒られる。お台場で警察官が犯人に背を向けて逃げたシーンが放送されたのを機に、柔剣道の練習の参

送」という）まで帰れないのでここから超過勤務で待機。疲れた体にムチ打って、このあいだに柔道や剣道の訓練。*午後6時ごろに逆送バス到着。被留置者たちを迎え入れて日勤は終了となる。これが留置のいつもの1日だ。

某月某日 ハードモード：「今すぐ×××やめなさい」

もちろん、毎日がこんなに楽な日ばかりではない。〝特留〟が入ってくると、留置は一転してハードモードになる。

入ってきたのは190センチ近くある長身の男。髪も髭も伸び放題で、こちらに聞こえるか聞こえないかの小声でぶつぶつ文句をつぶやいている。

上司からはあらかじめ「特留が入ってくるから」という通達を受けていた。「特留」というのは留置用語で「特異被留置者」の意味で、規定において「規律無視、不当要求、粗暴、疾病等その処遇を行なうにあたり、特に注意を要する被留置者」と定められている。

加履歴が「単位」として可視化され、必要単位に達していないと勤務成績に響くようになったらしい。

精神に問題を抱える「特留」が入ってきて怖いのは、騒いだり暴れたりしたときだ。夜中に騒げば、ほかの被留置者の迷惑になるし、それが続けば、被留置者たちも「どうにかしてくれ」と怒り出しかねない。新しい署なら留置場に防音設備の整った保護室があるのだが、T署にはないため、成人部屋と隔離されている少年部屋（幸いこのときは少年の収容者がいなかった）に1人で収容することにした。

居室の通路側には鉄格子がはめられ、職員から内部が見えるようになっている。本来は被留置者の人権*に配慮し、下半分は遮蔽板《しゃへいばん》という板*で覆われ、居室内で座ると頭部しか見えないのだが、これは取り外し可能で、精神疾患があったり、自殺企図が疑われる「特留」対応時にはこれを外す。

男は居室に入るとすぐに全裸になり、時折、大きな声で「神さまぁ〜！」などと叫んだり、職員の姿を見つけると「ボケッ！　なに見てんだ！」と罵声を浴びせたりしてくる。こういう人間は刺激しないに限る。それでも監視を怠ることはできないので、随時、死角からのぞいて様子を確認していた。

男が留置された翌日の深夜2時すぎ、死角から様子を見ると、壁を背にして足

被留置者の人権
警視庁の場合、男女を同じフロアに収容することはない。トランスジェンダーや性転換手術をした人については、戸籍に記載の性別で判断し、「特留」として単独部屋でほかの部屋から見えないように配慮していた。

遮蔽板という板
8カ所のネジ留め式で、取り付けが面倒なうえ、小さなネジをよく紛失して困った。

を投げ出し、自分のイチモツをしごいている。遮蔽板もなく、外から丸見えにもかかわらずまるで自分の部屋にいるようなリラックスぶりだ。

どうしようか戸惑ったものの、私は見なかったことにして、担当室に戻った。

要注意の「特留」については、内規でその動きを1時間に2回以上レポートすることになっている。さっき見た光景をレポートにどう書こうか迷って、「2：05　壁にもたれて足を投げ出し座っている」と記した。

「ペニスをしごいている」と書けば、留置場内には「わいせつな行為禁止」という定めがあるため、上司から「なぜ、やめさせない」と怒られる可能性がある。あの現場に飛び込んで行って、「今すぐオナニーやめなさい」なんて注意を私はできる気がしない。

さらにその数日後、男は大声でわめきながら、居室内に小便をまき散らした。部屋の掃除はその部屋の被留置者にやらせることになっているのだが、男は何を言っても聞かないので、こちらでやるしかない。男を別の居室に移したうえ、職員数人で消毒液をまいてモップがけした。

オナニー事件も小便事件も、心の病なのか、それともわれわれへの抵抗なのかの判別もつかない。ひらすら底気味が悪かった。

勾留期間は、送致の日を1日目として原則10日とされているが、「やむをえない事情」があれば、最大10日延長される。この期間、仕事に行く前に、あの男が今日は何をしでかすのかと考えて、憂うつになった。とくに夜勤では、何か不測の事態が起こっても、たった2人で対処しなければならず、つねに気が休まらない。一刻も早くどこかへ行ってほしいと願った。

それでも、留置場のよいところは最大20日満期*で被留置者とお別れできることだ。私は男が出ていく日を首を長くして待ちこがれた。

ついにその日がやってきた。彼は起訴されず、精神科医院への入院になるという。

男を居室から出し、荷物や洗面道具一式を持たせて、応接室で荷物の受け取りにサイン*をしてもらう。ひと悶着あるかと身構えていたが、その日はおとなしく精神科医院に単独護送されていった。

男が出て行ったあと、工藤巡査部長がつぶやいた。

「ようやく終わったな。あいつ、絶対またなんかやらかすだろ。次はどうにかほ

最大20日満期
ただ、放火や殺人といった重大事件だと、「鑑定留置」で2カ月くらい延長されることも。「鑑定留置」とは検事が被留置者を起訴するかどうかを決めるために医師などの鑑定を行なうための留置。通常は病院などで行なわれるが、その署で鑑定留置がされる場合もある。

荷物の受け取りにサイン
釈放や移送の際、「自分の荷物をすべて受け取りました」という署名をもらう必要がある。もともと持っていた荷物だけでなく、入場時に購入した洗面具なども返す。コンタクトレンズ使用者は保存液も購入してもらうが、洗面具ロッカー下の別ロッカーに置いてあるのでときどき返し忘れが発生する。そういったときのために連絡先も忘れずに聞いておく。

かの署で捕まってほしいよな」

まったく同感である。

「特留」さえいなければ、留置の仕事はおだやかな日々だ。とくに夜勤ではたっぷりと時間がある。

被留置者たちはほかにすることがないため、1日中、手紙を書いたり本を読んだりしてすごす。その姿を眺めているうちに、それまで手紙や読書に縁遠かった私も感化されてきた。夜の静かな留置場内で被留置者への貸し出し用の官本を読んだり、当時生まれたばかりの長女の出産祝いへの返礼を書いたりしてすごした。とくに読書の面白さに取りつかれ、官本の品ぞろえ*に飽き足らなくなり、書店へ行って買い込むようになった。静かでほかにすることもない空間は読書や勉強に最適なのだ。同僚の中にも、ここでの勉強のおかげで昇任試験に合格した者もいた。

たまに手を焼く特留がいるのと、地域警察などと比較してルーティーンが多く、やり甲斐を感じにくいという側面があるものの、人間関係も良好で職場としての居心地はけっして悪くない。だんだんと「刑事にならずにこのまましばらく留置

官本の品ぞろえ
本来なら留置管理第一課の指導係から配布された本のみしか官本にできないのだが、釈放された者の置き土産や職員の持ち寄った本も結構ある。配布される本はベストセラー小説から、官能小説、漫画など幅広く揃えている。まさかのBL（ボーイズラブ）もあった。誰が選んだのだろうか。本書『警察官のこのこ日記』が正規の官本として採用されることを切に願っている。

でいいかも」と思うようになっていた。

某月某日　「声を聞かせて」：面会の人間ドラマ

留置の仕事に面会立ち会いがある。被留置者（容疑者）は接見禁止でないかぎり、1日1回の面会が認められ、家族や友人が訪れる。証拠のもみ消しの依頼など、事件に関するやりとりをさせないため、われわれが立ち会うのだ。この面会には人間ドラマが凝縮されている。

被留置者は30代の男。男を連れて面会室に入る。面会に来たのは父親である白髪の紳士だった。男を座らせて、私も監視役としてその隣に座る。

男は席に着くやいなや、土下座せんばかりの勢いで頭を下げた。

「頼む！　オヤジ、店に金払って示談してくれ！」

父親は冷静というよりも冷たい目でわが子を見ている。しばらくは何も言わない。私は刑事課から引き継がれた書類で罪名と犯罪事実を把握している。男は衣

料品店で万引きをして捕まった。どうやら前回も万引きで捕まったものの、その際は父親が示談金を払って起訴を免れたらしい。

「なあ、今回も頼むよ。ここを出たらちゃんと働くから。約束する！」

「……いつまで甘ったれてるんだ。もう何度目だ？　そろそろ本気で反省しろ」

父親が冷静に言うと、男は苛立ち始めた。

「おいっ、こんなんで前科ついたら、妹の将来にも影響すんだぞ！　それでいいのか。お願いだよ！」

示談せずに起訴されたらほぼ有罪*になる。有罪判決を受ければ、罰金刑や執行猶予付きだったとしても「前科」として記録されるし、海外渡航の制限や一定期間一部の職業に就けないなどの不利益が生じる。だが、男の〝脅迫〟にも父親は顔色を変えなかった。

「自業自得だ。今回は俺はもう何もしない。それを伝えに来た。もう帰るからな」

面会時間は20分までと定められているが、わずか3分で父親は席を立った。

「オヤジ！　待ってくれよぉ〜！」

起訴されたらほぼ有罪
起訴されたら99％有罪となり、日本の司法はおかしいという批判を耳にするが、起訴に至るまでにはいくつものハードルがある。私の体感として逮捕されても起訴されなかった被留置者が50％以上だった。

男の叫びもむなしく、父親は一礼して面会室を出ていった。被留置者もしくは面会相手が終了の意思を示せば、面会時間は終わりだ。

「はい。もう終わりです」と声をかけると、男は肩を落として立ち上がった。

父親は示談にしなかったのであろう。男は数日後に無事（？）起訴され、拘置所へと送られていった。


ある少年に母親が初めての面会に来た。少年と親との初面会は荒れる傾向がある。とくに母親の場合は「どうしてこんなことをしたのよ！」とか「あんたをこんな子に育てた覚えはないわ！」とか言いながら泣き崩れ、少年のほうはそれを呆然と眺めているパターン*が多い。

ところが、今回は逆だった。面会室に入り、母の顔を見るなり、少年の目から涙があふれ出した。母親は怒りとも悲しみとも違う、穏やかな表情でそれを見守っていた。少年は泣くばかりでいたずらに時間だけがすぎていく。その間、少年も、母親も一言も発することがない。

少年は振り込め詐欺の受け子をしたとして逮捕されていた。小柄でおとなしそ

呆然と眺めているパターン
逆に、面会に来た母親に対して「こんなことになったのはおまえのせいだ！　おまえの育て方が悪かったから俺の人生はメチャクチャだ！」と激昂し暴れたため、面会中止になった少年もいた。子育てに正解はないと思うが、留置場のわが子からこんなことを言われた母親の気持ちを思うといたたまれなかった。

うな少年は目先の小遣いにつられたのか、それとも悪い先輩にそそのかされたのか……。そのまま面会時間の20分がすぎた。

「時間です」私がそう告げると、その日初めて母親が口を開いた。

「ダイスケ、声を聞かせて」

「……ごめんなさい」

私は少年を連れて面会室を出た。彼がその後どうなったのかは知らない。だが、この母子なら立ち直れる。* 私にはそんな気がする。

某月某日 **小さな一家**：親分の流儀

T署の留置場は、少年用居室*が2室、成人用居室が4室。1室の定員は5名。* 成人は罪名が被らないようにとか、ヤクザが同じにならないようにといったことを考慮して部屋ごとに振り分けられる。犯罪者グループが留置場で知り合い、ネットワークが生まれることを警戒して、同じ傾向の犯罪者はなるべく分散させ

この母子なら立ち直れる
よく更生した受刑者から刑務官宛に御礼の手紙が届くなんて感動話がある。しかし、留置期間の短い留置場でそんな話は珍しい。ただ、一度だけ被留置者から手紙が届いたことがある（個人宛ではなく、留置係宛だった）。丁寧な字で「その節はたいへんお世話になりました」と記されていた。手紙を読み、送り主の名前にも覚えがあったが、留置中はいつも無愛想で下膳の際の「ごちそうさまでした」もなく、印象は決してよくない被留置者だった。感動的な触れ合いや心の交流もなかった。なぜ、わざわざ手紙を送ってくれたのか謎だ。ただの筆まめな人だったのかもしれない。

少年用居室
未成年は成人と隔離して必ず少年部屋に入れる。

るわけだ。とくに覚醒剤（シャブ）については仕入れ先などの情報交換が行なわれる可能性を踏まえて、できるだけ同部屋にしないよう注意する。

が、居室の部屋数自体が少ないので限界がある。あるとき覚醒剤事案が多すぎて居室内が「しゃぶしゃぶ」どころか「しゃぶしゃぶしゃぶ」になったこともある。

ケンカなどの不測の事態がなければ、部屋替えは行なわないから、1室に入ったら出るまで同じ部屋にいることになる。

暴力団の親分が入ってきたことがある。恰幅よく四角い顔の中年男性は、ある指定暴力団傘下の組長だった。自己紹介*をしたわけでもないだろうが、そのことはすぐに同室の被留置者たちに伝わったようだ。それ以来、その房の被留置者たちはよく規律を守るようになった。どうやら親分がしつけてくれたらしい。

留置場では日勤と夜勤が交替するたびに点呼が行なわれる。点呼の際、被留置者を座らせ、それぞれの留置番号を呼び、返答させるのが決まりだ。

点呼で親分の部屋の前に行くと、親分以下全員が等間隔で正座して待機しており、キビキビと返事を返してくれた。その様子はさながら小さな〝一家〟であっ

少年は、少年法の定めにより成人と同様に送致してから最大20日の勾留はつくが、殺人などの重大犯罪でなければ起訴されず家庭裁判所送りになるのがふつうなので、わりと早く出られる。そのため少年用居室はいつも1人か2人くらいしかおらず閑散としている。

定員は5名
1室だけ少し小さくて定員4名。少年用居室の定員は各3名。計25名が居室全体の定員で、ここに平均12～13人ほどが収容されている。20名を超えたことはなく、10人を切ると業務はかなり楽。

自己紹介
ヤクザやチンピラを別として、新入りはたいていおずおずと入ってくる。どんな〝先輩〟がいるかわからず、下手に素性を知られて強請（ゆす）ら

た。

洗面においても、親分を含めた4人の被留置者が腰高の洗面台に一列に並んで歯磨きをするようになった。親分は口をゆすぐとき、腰を屈《かが》め、洗面台に顔を近づけて水を吐き出していた。立ち会い時にその姿勢を不思議に思った私は「なんでそうしているんですか？」と尋ねた。

「おやっさん、いいところに気がつきましたね。こうすると水が跳ねないでしょ？ 隣に水がかかったとかでケンカになったりするんです。ムショで揉め事起こせば、仮釈《かりしゃく》*が遠のきますからね。一種の防衛策ですよ」

その道のプロにはプロの流儀があるのだ。深く納得した私はそれ以来、サウナや温泉で掛け湯するとき、ヒザをついて周囲に水が跳ねないように心掛けるようになった。

その後、親分は拘置所へ移送されることになった。居室の規律を正してくれただけでなく、人柄のいい親分に私は好感を抱いていた。

移送日前日、荷物整理を担当した私に、親分は私物の週刊誌を開いて見せ、ある記事を指さした。「これ、私の記事ですよ」


れる危険性を考慮して、余計な話はしないのがふつうだ。迎える側の〝先輩〟たちも空気を読んでからんでいくようなこともない。

仮釈
たとえば懲役3年の刑期だったとして、3年フルに務めること（満期釈放）はほぼない。品行方正にしていれば、たいてい数カ月は早く出られる。知り合いの刑務官によると、法務省から「仮釈率を上げろ」と指示が出ていて、刑務所としても満期釈放よりも早く仮釈する方向だという。

週刊誌には、彼が起こした事件の記事が載っていた。差し入れ*の本や雑誌は検閲を行ない、被留置者の記事が載っていたら削除するのが決まりだ。だから、大きな事件だとその作業に骨が折れる。

こちらの不手際であり、イチャモンをつける隙を与えてしまったわけだが、親分は「お恥ずかしい事件です」と茶目っ気たっぷりに笑った。親分が起こしたのは保険金詐欺だった。

某月某日　マウント合戦：留置係は知っている

前述の親分のような人がいると留置場内の秩序が保たれるのだが、半グレのようなチンピラたちがマウントの取り合いをして、均衡が保てなくなることもある。悪さ自慢が口論に発展し、まれにつかみ合いのケンカになったりする。逆に、不良同士が互いに匂いを感じ取り、会話がはずみ、意気投合してしまってもよくない。半端者ばかりの部屋はそれはそれで神経を使うものだ。

差し入れ
差し入れ品の大半は現金（1回につき3万円まで）か本か手紙になる。衣服の差し入れについてはとくに制限が厳しい。フード付き、紐付き、ボタン付き、ファスナーなどの金属付き、伸縮性のあるもの、これらはすべて不可で、中で着られるのは無地のスウェットくらい。それゆえニュースで護送バスに乗せられる被留置者を見ると、署で貸し出している灰色スウェットを着ている者が多い。このスウェットには「留」の字や署の符丁（たとえば調布署だと「調」の字）をマルで囲み官物であることを示す。亀有署から護送される容疑者のニュース映像で、スウェットにマル亀と書かれていたのには洒落っ気を感じた。

腕までびっちり刺青《いれずみ》の入った、若い男がうそぶく。

「ホンモンのチャカ見たことある？」

新入りの刺青男はきっと同室の連中に一発カマそうとしているのだろう。1週間ほど先輩にあたる、ひと回りくらい年上で細身だが、目つきのするどい男が答える。

「当たり前だろ」

「じゃあ撃ったことは？」

「……」

「ないの？　俺は、仲間と山奥行ってパンパン撃ってたけどな」

刺青男の話が本当かウソかはわからない。「捜留分離《そうりゅうぶんり》」といって、捜査と留置のあいだで事件に関する情報のやりとりをしてはいけないことになっている。つまり、われわれ留置係が留置場で知った情報を捜査課に伝えてはいけない決まりだ。そんなことを知ってか知らずか、悪さ自慢は留置場内の半グレたちの定番だ。われわれ留置係が聞いていることなど、本人たちはお構いなしに続ける。

「ところで、おまえ、なんで捕まったんだよ」

被留置者との無用な会話
留置場内の被留置者を見ていると、反省しているかどうかがじつによくわかる。裁判で涙を流しながら謝罪していたのが、居室で「チョロいもんだぜ」と談笑しているの

細身の男がそう尋ねると、刺青男は一瞬戸惑うような顔をした。
「……俺は傷害だよ」刺青男は少し抑えた口調で言う。
おいおい。私は心の中でツッコむ。刺青男は盗犯係から引き継がれた万引き犯だ（ちなみに細身の男のほうは薬物犯だった）。もちろん留置係はそんな内情を暴きはしない。意味のわからないマウント合戦を傍で聞いて楽しむだけだ。
本来、留置係は被留置者との無用な会話*は慎むべきなのだが、会話を通じて取り調べのテクニックを磨いたり、犯罪の情報収集*をすることもある。実際に、盗犯係を志望する担当者が、連続侵入窃盗犯に「どういう家を狙うの？」とか「狙わない家の特徴は？」などと〝取材〟していることもあった。犯罪者の心理は犯罪者が一番よく知っているということだろう。こうした点も留置係が刑事への登竜門と言われているゆえんかもしれない。

親分も半グレもいない、ふつうの会社員ばかりの房だと和を重んじる傾向が強く、平和が保たれる。そんな彼らにも自然と序列ができあがってくる。手紙や面会の頻度だ。

はよく見る光景だ。留置係員を情状証人として出廷させてくれれば、被疑者や被告人も品行方正になってくれるはずだ。

犯罪の情報収集
私はあまり積極的に聞かなかったが、美容室専門の連続侵入窃盗犯（元美容師）は、犯行時の移動に原付を使い、その際、一時停止などの交通法規は厳守していると豪語していた。また別の窃盗犯は、移動にはタクシーを使い、大手だと警察にドラレコ映像を提供するため、個人タクシーを選ぶと言った。ほかにも、集合住宅の空き巣男は「ポスティングのふりして郵便受けをチェックしていくんですよ。100軒も探ると1軒はカギが入っているんでそれを使うんです」と言っていた。このように留置場には犯罪情報が集まるのだ。

「9番、面会」

いつものように面会人が来た旨を伝えると「あっ、彼女っすね！」と大声でアピールする、背が高くて二刀流のメジャーリーガーにどことなく似ている優男。彼のもとには20歳の学生だという彼女が頻繁に面会に来ており、面会を終えて居室に戻るごとに、彼はそのことを居室の仲間たちに自慢げに語る。40、50代ばかりの中年同室者たちは彼を羨望のまなざしで眺める。閉鎖的な房内で禁欲的な生活を強いられている彼らにとって、この手の話題は数少ない楽しみの一つなのだ。

面会後、彼女から差し入れられた本とメッセージカードを交付する。男は愛おしそうにカードを開き、「ああ、優香ちゃんの匂い*」と恍惚の表情を浮かべる。男はすぐさま仲間にカードを開陳し、丸文字で『愛してる♡』と書かれたカードに群がる同室者たち。きっとそれぞれの頭の中で、会うことのない「20歳の彼女」の妄想が育っているのだろう。

だが、われわれ面会担当は知っている。「20歳の彼女」はでっぷりとした貫録の肝っ玉母さん的風貌であることを——。

優香ちゃんの匂い
留置場内にはすえたニオイと食事のニオイ、たまに外の喫煙所から流れてくるタバコのニオイくらいしか存在しないので、被留置者は〝メスの匂い〟に飢えている。ちなみに「色」にも飢える傾向がある。ある被留置者は雑誌「女性自身」を差し入れてもらい、「そんなの読むんですか？」と聞いたら、「いや、ここは殺風景じゃないですか。このピンクのロゴがたまらんのですよ」と言った。

某月某日　情報の宝庫：スモーカー有利な組織

留置係は、刑事課への登竜門とも言われ、早い人だと留置に来てわずか数カ月で刑事課や生活安全課に行く。私は留置係に居心地のよさを感じつつも、まだ刑事になる夢も捨ててはいなかった。

ただ、音沙汰のないまま数年がすぎた。「刑事課長がお気に入りの若手を優先して刑事課に引っ張るんだから、順番待ちしているだけじゃダメ」などと訳知り顔で語る者もいて、コネを持たない私はあきらめにも似た気持ちになりつつあった。

そんな私にできることは昇任試験*をがんばるだけだ。まずは巡査部長に昇任しようと、気持ちを入れ替え、勉強に励んだ。

その甲斐あって一次、二次試験を順調にクリアして、最終試験*に向けて気合を入れていたときのことだった。

昇任試験
巡査部長になるためには、一次から三次までの試験をクリアしなければならない。5月、一次の筆記試験はマークシート方式の40問で、内容は一般常識に始まり、刑法、刑事訴訟法、生安、組対、交通、公安や警備まで幅広いテーマから出題される。これを通過すると、6月の二次試験でマークシート問題に論文が加わる。三次試験は面接、教練、拳銃シミュレーターで、8月に合格が発表される。合格率は1～2割と狭き門である。

最終試験
最終試験も突破して無事

「これ、うちの喫煙所で入手した情報なんだけど、安沼君、そろそろ刑事課に行くことになるらしいよ」

上司からそんな話を聞いた。

署の喫煙所には各部署の愛煙家が集まり、情報交換の場*と化す。警察はいまだにスモーカー率が高く、部署によっては喫煙者のほうが多数派だったりする。

唐突に聞かされた真偽不明の情報に胸がざわめく。本当に刑事課に異動することができるのか……。期待をしすぎると、肩透かしを食らったときにショックを受けそうで、できるだけ平常心を保とうと心がける。それでも、胸のざわめきを抑えることができない。情熱の持って行き場がわからない心境だった。

そんな宙ぶらりん状態で数週間をすごしたころ、上司に呼び出されて、正式に刑事課配属の辞令を受けた。意中の子に告白して「どうしようかな〜」と散々焦《じ》らされて、こちらがあきらめかけたタイミングで「いいよ」と言われた気分だった。嬉しくないわけじゃないけれど、もっとストレートに知らせてほしかった。

それにしても事前に聞いた喫煙所情報は「真」であったわけだ。本人通達よりもだいぶ早く喫煙所内で人事情報が周知されているなんて、この組織の情報管理

に巡査部長に昇任した。巡査部長は警察官全体の30%を占める。たとえば、地域課員として内勤に質問に行く際でも「巡査部長」だと丁寧に教えてくれたりする。やっぱり警察は階級社会なのだ。

情報交換の場 T署の喫煙所はちょうど刑事課と生活安全課の中間に位置したため、刑事と生安の異文化コミュニケーションの場ともなっていた。飲料の自販機もあったため、私もたまにジュースを買いに行ったのだが、いつ行っても「またいる」という人間が2、3人いた。スモーカー同士で課を超えたコミュニケーションを織りなしているのだ。

は大丈夫なのだろうか。

こうして私はついに憧れの刑事課に行くことになる。

某月某日　**組織犯罪対策課**：公用車、不正利用

一口に刑事といっても、盗犯、知能犯、強行犯などいろいろな部署がある。私が配属されたのは「刑事組織犯罪対策課組織犯罪対策係」、通称・組対＊（ソタイ）だった。ここでは、外国人犯罪、薬物犯罪、暴力団を扱っており、私は外国人犯罪の係になった。

いよいよ憧れの刑事だ。若かりしころ、機動隊に配属されて武者震いを感じたときと同じように高揚していた。

ところが、配属されてすぐにあることに気づく。新宿、渋谷、麻布など人口あたりの外国人比率の高い署とくらべて、T署管内は外国人も少なく、外国人犯罪がほとんどない。

通称・組対
渋谷や新宿などの大きな署では「刑事課」と「組織犯罪対策課」があり、「組織犯罪対策課」の中に「暴力団対策係（通称・マルボウ）」「薬物銃器対策係（通称・薬銃）」「組織犯罪対策係（通称・組対）」があり、それぞれ「組対のマルボウ」「組対の薬銃」「組対の組対」と言われていて、各10名程度の人員が配置されている。T署のような一般的な署だと「刑事組織犯罪対策課」として、

暴力団員の検挙数や、薬物の押収量と同じように、外国人犯罪についてもどのくらい検挙したかの「努力目標*」が設定されていた。外国人犯罪の検挙数が足りないT署では「対策」として、外国人を集中的に職務質問したりした。たとえば、ケンカの110番通報で臨場した際、日本人同士ならその場で和解させて終わらせるのが、外国人が絡んでいるとみると積極的に事件化しようとするのだ。

私はといえば、取り組むべき事件もなく、地域課員（おまわりさん）が集めた外国人の居住情報をデータ入力したり、入国管理局（現・出入国在留管理庁）への記録照会といった事務作業がほとんどだった。

さらに戸惑ったのが、T署刑事課の体育会系な雰囲気だった。

わが家に第二子*が生まれたばかりで同僚はみなそれを知っているにもかかわらず、歓迎会と称しては毎日のように飲みに誘われた。来て当然のごとく飲み会がセッティングされ、断ることなどできない。よかれと思っての誘いだったのかもしれないが、私にはプレッシャーだった。

飲み会も和気あいあいとしたムードというより、体育会のタテ社会ノリで、新人の私は周囲に気をつかい、空いたグラスを下げ、ホッピーを混ぜ、料理を取り

マル暴と薬銃と組対をひっくるめて「組対係」とされ、人員は計10人くらいだった。

努力目標
署内では「指標」などとも呼ばれていた。外国人犯罪だとオーバーステイ（不法滞在）が多いが、それ以外にも財産犯（窃盗など）や粗暴犯（暴行など）での検挙数にも努力目標があった。

第二子
第一子となる長女は武蔵小山に住んでいたころに生まれ、二女は多摩市に住んでいたころに生まれた。ちなみに三女は世田谷区内の病院で生まれた。異動の多い警察官ならではかもしれない。

分け、上司の説教を受ける。

ソタイの刑事課長代理が主導して、署内の応接室*での飲み会もよく開催された。午後5時ごろになると「ちょっとやるか？」と課長代理から声がかかる。係長が「いいですね～」と呼応して、「安沼、準備しろ」と新人の私に号令がかかる。ソタイの刑事課長代理は定年間際のベテランで一番先輩なので誰も何も言えないのだ。

話の内容はたいてい思い出話に始まり、自分が刑事としてこなした大きな仕事、そして酒が進むにつれて説教に移行していく。

「安沼～、刑事ってのはよ、センスなんだよ。センスがないやつは何やらせてもダメだ」

その時間にも、同じ刑事課室内では当直の刑事たちが勤務しているのだ。彼らに面目ない気持ちになる。

そして、この飲み会のラストには、当直の刑事が、課長代理を最寄り駅まで捜査車両でお送りするという慣習があった。これは公用車の不正利用にあたる。私はこれがどうしても許せなかったが、新入りの私が場の雰囲気を壊してはいけな

署内の応接室
本来は被害者からの相談受理などのための部屋だったが、もはや完全に酒蔵（さかぐら）と化していた。こんな酒臭いところに相談者を呼べるわけもなく、本来の用途として使われたところは見たことがない。

いと何も言えなかった。

刑事課に来てまもなく、私はこの場所に大きく失望していた。

某月某日　ガサ入れ：重大かつ先送りにできない事項

「安沼班長、来週の水曜日、ガサの応援お願いします」

大和田主任にそう告げられた。刑事として初めてのガサ入れは、バングラデシュ人男性と日本人女性の偽装結婚*（正式な罪名は公正証書原本不実記載）だった。

この事件は、捜査本部がH署に設置され、「警視庁組織犯罪対策第一課」主導で捜査が進められていた。すでに数カ月にわたって、夫婦として一緒に住んでいない状況を写真に撮るなどの内偵調査が進められ、T署から大和田主任が応援に駆り出されていた。私はその捜査には関与していなかったが、ガサ入れの応援要員として声がかかったのだ。

当日朝6時、江戸川区にある現場アパートの前にクルマ*を停める。いよいよガ

偽装結婚
取り締まる側でいながら、これの何が悪いのか考えたこともなく、偽装結婚の内偵に何カ月も費やしているのを人員の無駄づかいと思っていた。署の幹部は偽装結婚の取り締まり強化をしつこく言っていたが、邪推すれば、「外国人犯罪」の検挙数を上げ、入管法の改正をやりやすくするなどの狙いがあるのかもしれない。

サ入れかと思うと、一端《いっぱし》の刑事になった気がして、助っ人にすぎない私も感情が高ぶってくる。

　車内で１時間ほど様子をうかがってから、本部（警視庁組対一課）の刑事である東海林警部補、Ｈ署の刑事２人と大和田主任、そして私の計５名が、〝夫〟であるバングラデシュ人の部屋に向かう。Ｈ署の刑事が時計を見ながら携帯電話でやりとりしている。〝妻〟である日本人女性宅へのガサ入れ班と同時刻に踏み込むためだ。

　朝７時半、ノックして出てきた男性に「捜索差押許可状*」を示し、部屋に入る。われわれ５人は靴を脱ぎ、ぞろぞろと室内にあがるのだが、その瞬間、靴下の親指の穴に気づく。

　しまった！　よりによってガサ入れの今日に限ってこんな靴下を穿いてきてしまうなんて……。赤面しながら、誰にも気づかれないように足の指を丸めて穴を隠す。雑然とした２間の安アパートは、男５名が入るとぎゅうぎゅうだ。外国人男性はとくに抵抗することもなく、部屋の隅に立ってわれわれを眺めている。

「いつからここに住んでるの？」──本部の東海林警部補が尋ねるが、日本語がわか

クルマ
３列シートのエルグランドだった。最終的には、３列目の真ん中に被疑者を座らせ、両脇を捜査員で挟む態勢となる。

捜索差押許可状
捜索差押（ガサ）は捜索差押許可状（ガサ状）によって行なわれる。ガサ状には被疑者の氏名や罪名、捜索すべき場所、差し押さえるべき物が記載されている。差し押さえるべき物として「本件に関係ある身分証、書類、メモ」などと細かく記載されていて、そこに書いてある物しか押収できない。なんでもかんでも押収することはできないのだ。刑事としては「本件に関係あると思われる物すべて」としたいところだが、それだと裁判所が認めてくれない。

らないのか、わからないふりなのか、男性は首を傾げるだけだ。

タンスや棚、ダンボール箱の中など手分けして各所を捜索していく。私が持ち場の引き出しを探ると、紙の束の中から男性と女性の名前が記載された保険関係の書類を発見。証拠品だ。

「ありました！」

興奮のあまり思わずそう叫ぶと、東海林警部補に「静かに」とにらまれる。被疑者に何が重要な証拠品かを悟られてはならない。捜査の基本を忘れた新人刑事の私は、先輩刑事から注意を受けたのだ。

〝先輩刑事〟といってもじつは東海林警部補は私より年下、警察官としては後輩にあたる。だが、彼は機動隊内の対抗試合での優勝経験もある剣道の猛者で、その実績を買われて本部に引き抜かれた*、いわばエリート刑事なのだ。私は再び赤面し、うつむいて引き出しの捜索を続ける。ガサ入れとは地道な作業である。

1時間半ほどですべての捜索が終わると、外国人男性をH署に連行。男性は怒るでも騒ぐでもなく淡々としている。

取調室でも私は先輩刑事の補佐役として同席する。東海林警部補が取調室から

本部に引き抜かれた
本来なら捜査能力を買われていくはずだが、コネとか武道要員として引き抜かれることも多いらしい。武道要員が重宝されるのは、柔剣道や逮捕術大会でよい成績を出して

席を外したタイミングで、彼が座っていた椅子に座り、被疑者と会話する。

「日本、長いの？」私が尋ねると、

「3年クライ前。仕事、ツライネ」男性がしんみりと答える。リラックスさせることで取り調べをしやすくする意味合いもあるが、私が調書をとるわけではないので、あくまで時間つぶしの世間話だ。

数分して、東海林警部補が戻ってくる。部屋に入るなり、

「キミ、その椅子は調べ官が座るものだよ！」

傲然とした口調で言う。俺は偉いと言わんばかりの口ぶりが癇《かん》に障《さわ》るが、〝後輩〟の私は「すみません」と小さくなって元の席に戻る。

再び、東海林警部補が取り調べに取りかかると、ノックの音がして、若手刑事が遠慮がちに入ってきた。彼は被疑者と私に隠すようにしながら、何やらメモを見せた。すると東海林警部補の顔色が変わった。

真剣な表情でしばし思案すると、メモの一部分を指さしてアイコンタクトし、若手刑事が神妙にうなずく。何か不測の事態が起こったのか？

ベテラン刑事はそれぞれ取り調べのテクニックを持っていると聞く。否認して

その部署の面子を保つためである。

いる被疑者の前で刑事同士が耳打ちをしたり、署の清掃員を目撃者風に仕立てて意味ありげに登場させたりして、被疑者に心理的な揺さぶりをかけるのだという。外国人男性も2人の刑事のやりとりに目をやり、心なし動揺しているようにも見え、その緊張が私にも伝播してくる。

東海林警部補とアイコンタクトを終えた若手刑事が、私に対してもメモを差し出した。なんだ、駆け出しの私にも見せてくれるのか？

メモを見て私は得心がいった。これは重大かつ先送りにできないものだった。私は素早くメモを一瞥し、「てんぷら蕎麦」を指さした。

某月某日 **刑事人生最大の事件**：事件はどこで起こってる⁉

新宿署や渋谷署の刑事だと、事件が立て込んで当直が明けてもそのまま夕方まで残るなんてことはざらだ。それとくらべるとT署は「オアシス」ともいえ、刑事たちもゆったりとしていた。

ある当直勤務中、私は暁《あかつき》の空を眺めながら夜食のカップラーメンをすすっていた。「今日もたいした事件はなかったなあ」。そこに一本の内線電話。

「はい、刑事課。自転車盗？　それなら地域（課）で処理できますよね」

そう言うと、電話口の地域課の係長が「被疑者が元自衛官らしくて……。しかも執行猶予中らしいんですよ」と言う。

「し、しっこうゆーよ⁉」

すすっていたカップラーメンを噴き出しそうになる。

ご存じのとおり、「執行猶予」とは懲役刑などの判決を言い渡された場合の猶予期間であり、その間に犯罪などを犯さずにいれば、その刑が免除される。

だが、その期間中に犯罪を犯せば、話は変わってくる。執行猶予中の者の犯罪を認知したら、原則逮捕して速やかに事件を処理することとされている。逮捕から起訴、裁判を経て有罪判決に至るまでには最低3カ月ほどかかる。事件処理にモタついて執行猶予期間が満了してしまわないように*するためだ。

カップラーメンを急いでかき込み、取調室で寝ている主任を叩き起こす。

「し、しっこうゆーよ⁉」事情を伝えると、主任もさっきの私と同じリアクショ

執行猶予期間が満了してしまわないように
執行猶予期間が満了してしまうと前刑を上乗せしての判決が下せず、執行猶予の意味がなくなってしまうからだ。一方、被疑者のほうも必死で、期間満了が迫っていると控訴で応戦するなどして長引かせ、執行猶予期間満了を狙ったりする。

ンで飛び起きた。

ほどなくして、職質をした若手巡査と地域課の係長が、坊主頭のふてぶてしい感じの被疑者を連れて申し訳なさそうに入ってくる。

執行猶予中だと地域警察だけで処理できず、われわれ捜査課の手間*になる。これが覚醒剤所持や侵入窃盗であれば、薬物係や盗犯係の実績になるので喜んでやるところだが、この案件だと汗をかいても地域警察の実績になるだけ。本音を言うと、あんまり扱いたくないのだ。

「いや、なんか……すみません」私の気持ちを察したのか、若手巡査が言う。

浮浪者風の風体に、自分なら声をかけるのを躊躇《ためら》うなと思う。とはいえ、同じ警察官として、若手地域課員の努力を無下《むげ》にもできない。

「いや、なんというか……積極的な職質、お疲れさまです」

できるだけ表情に出さず、そう答える。

事情を聞くと、被疑者は路上に放置してあった自転車を盗んだという。自転車にカギはついておらず、盗んだところも見ていないので現行犯逮捕はできない。となると、「通常逮捕」で裁判所が発行する逮捕状が必要だ。

捜査課の手間
「住所不定」の被疑者の場合、原則的に逮捕することとなる。だから、「住所不定」の浮浪者を捕まえるのは、捜査課、留置課、検事それぞれが嫌な〝三方イヤ〟という事態になる。つまり捕まえられると厄介なのだ。

逮捕状請求にはそれなりの証拠や書類が必要になる。被害届、被害品の所有者の供述調書、被疑者の住所を記した捜査報告書、被疑者の戸籍謄本……。とにかくやることがたくさんある。ふつうは事件発生から数日、時には数カ月かけて捜査してから逮捕状をとるのだが、これを今からやるわけだ。手つかずの夏休みの宿題を、8月31日に家族総出で仕上げるようなものだ。

捜査課の係長が手際よく方針を固めて指示を出し、みんながすぐさま仕事に取りかかる。令状請求に必要な書類を次々に仕上げていく先輩刑事たち。駆け出し刑事の私は書類のコピー係。

「安沼、それが終わったら、すぐに被疑者の戸籍謄本とってきてくれるか。謄本もらったら、こっちに連絡よこせよ」

係長の指示で捜査車両*に飛び乗って署を出る。いざ出発！

役所で戸籍謄本をゲット。記載の住所が把握していたところと違うが、同じ区内だし問題ない。氏名と生年月日、本籍と出生地が一致していることを確認し、署に一報を入れる。刑事気分で、帰りの運転中の鼻歌に興が乗る。

私の帰りを待ちわびていた先輩刑事たちに意気揚々と戸籍謄本を手渡す。

捜査車両
トヨタのアリオンだった。不人気車種のため、安くまとめ買いできたとの説もある。この車種にイカつい男が乗っていたら、だいたい警察関係者。ひったくりなどの場合、外付け式の赤色灯をつけて緊急走行で向かうこともあるが、赤色灯がなければふつうのクルマと変わらない。ナンバーも8ナンバーのパトカーとは違い3ナンバー。

これで仕事も完了と思っていると、書類を見た先輩方の顔色が変わる。

「安沼、住所が違うぞ！　逮捕状、全部書き直しだ。なんでもっと早く言わないんだよ！」

逮捕状の住所は戸籍謄本と同一でないとまずい。手に入れた段階で正しい住所を伝えていれば、私が戻るまでに訂正ができたのだ。

ひと悶着あったものの、書類一式が揃うと、今度はパトカーを緊急走行で飛ばし、裁判所に令状請求に向かう。一方、被疑者はずっと取調室で〝任意で〟待ってもらっている（もし彼が「帰る」と言えば、それを止めるすべはない）。

「自衛隊って訓練、たいへんなんですよね？」

「訓練もそうだけど、近隣住民からの苦情対応が面倒でしたね」

「そうですか。警察と似たようなもんですね」

そんな世間話で間をつないでいると、ようやく令状が到着。係長が令状を持って取調室に入ってくる。

「待たせたね。確認のために名前を教えてくれる？」

「ヤスユキィ〜、ヤマダァ〜」

逮捕手続き
長期間の地道な捜査を経て逮捕した案件であれば、担当検事と連絡を取り合ってその行方を注視するものだが、このような案件がどうなったかについて刑事は無関心だ。このヤマダヤスユキについては、後日係長から「釈放になったらしいぞ」と聞いた。

最大の事件
私の知り合いに、刑事課に着任早々、放火の捜査本部に駆り出され、３カ月間、連続放火魔（被疑

被疑者はなぜかおどけて答える。これでようやく逮捕手続き*が終わる。

時刻は午後6時。すっかり暗くなった窓の外を見て、今朝カップラーメンを食べていたのが遠い昔のことのように思えた。

「めっちゃ疲れましたね」私がそう言うと、先輩刑事が笑った。

「新宿とか渋谷じゃ、こんなん毎日よ」

わずか数カ月の私の刑事生活において、これが最大の事件*だった。

「踊る大捜査線」みたいに、現場でも会議室でもたいした事件は起こらず、ひたすら書類作成などの雑用に汗をかく。これが〝司法刑事〟の仕事の実態*である。

者）をひたすら尾行し続けた人がいる。彼は3カ月で昇任により異動することになったのだが、異動先で「刑事経験者」として見られて苦労したそうだ。「俺、尾行しかしていなかったんだぜ」と嘆いていた。

仕事の実態
こんなことを言うと全国の刑事に怒られそうなので、「あくまで私の場合」と断っておきたい。

第4章 さよなら、桜田門

某月某日 **内規違反**：郷に入っては郷に従え

「安沼君、本部の留置へ行ってくれないか」

上司から告げられた人事異動は、思わぬサプライズだった。

警察官なら誰でも一度は憧れるのが桜田門の警視庁本部勤務だ。そこの留置係への辞令だった。

警視庁の留置施設には、警察署（所轄）の留置場と、本部管轄の留置場があり、前者は「××署留置場」、後者は「本部留置××分室*」と呼ばれる。私の異動先は都心にあるH分室だった。

留置には慣れているし、仕事の仕方も熟知している。勤務地は自宅からの通勤も便利なうえ、本部留置だと5年くらいは異動がないとされ、子育てに大忙しになりつつあった妻も喜んでくれた。私としてもT署での留置の経験を活かせるのであれば、ありがたい。わずか数カ月の刑事人生だったが、T署刑事課の体質に

本部留置××分室
この分室は合同庁舎内にあったり、警察署内に入っている場合もある。警察署内にあると、署の留置場と混同されやすい。たとえば、著名人がよく留置されている「湾岸分室」は湾岸署内にあるが、湾岸分室の職員は

嫌気が差していた私に未練はなかった。これまでの異動では意に沿わないことも多かったが、今回は望むところだ。

ところが、その期待はもろくも打ち砕かれることになる――。

H分室の留置は、4つの部に分かれての勤務となり、各部は警部補を筆頭に、巡査部長2人と巡査2人の計5人で構成される。

H分室で、私の部のトップは今泉警部補。50代の地域警察あがりで白髪まじりの短髪、がっちりした体格に黒々とした顔色は土建屋のオヤジを思わせた。

今泉警部補の下には、馬場巡査部長、そして私、その下に石橋巡査長と村上巡査長がいる。

勤務初日、同じ部の面々にあいさつをする私を今泉警部補は上から下までなめ回すように見たあと、「うちはキビシイよ」とだけ言った。

着任してすぐ朝の運動立ち会い*でのことだった。

留置場では朝、被留置者を所内の中庭に連れて行って軽い運動をさせる。私が中庭の配置場所につくと、次々に被留置者たちが入ってきた。その数8名。予想

留置管理第一課の所属であり、湾岸署員ではない。「本部留置湾岸分室」は男女合わせ100名以上のキャパがあり、それに見合うだけの職員を確保するには1つの警察署では足りないため、本部留置施設として稼働しているのだ。

朝の運動立ち会い
立ち会いをしていると、たまに被留置者が「自分、今度判決なんですけど、初犯だから執行猶予になりますよね？」とか「もうすぐ勾留満期なんですが、そろそろ釈放になりますかね？」などと聞いてくることがある。われわれは知る由もない話でもあり、下手なことも言えないので、「まあ、場合によりますね」などとテキトーに濁していた。

外のことに私は驚き、恐怖を覚えた。

　留置場の内規では、被留置者を居室から出す場合、担当官がその数よりつねに1名多くいなければならない。これは「プラスワン体制*」と呼ばれ、何かあった場合に備えるものだ。つまり、担当官が4名なら、被留置者は3名しか居室から出してはいけないことになっている。もちろん以前のT署の留置でもこの内規は遵守されていた。それが、ここではぞろぞろ8名も人が入ってきたのだ。

　居室から中庭への移動には手錠や腰縄をつけない。彼らがいっせいに暴れでもしたらとても制御できないだろう。万一のことが頭をかすめ、不安になる。

「こんなに出して、大丈夫なのかな?」私が尋ねると、石橋巡査長は、

「いつもこうだから平気ですよ。こうしないと、いつまで経っても終わらないじゃないですか」と事もなげに言った。ここではいつもこんなことをしているのか。その事実に私は愕然とした。

　警察内で、本部留置は所轄の留置よりも格上と見なされる。捜査でいう捜査一課のようにエキスパートが集まり、係員の人数も手厚い。その分、近隣署からの留置調整*を積極的に受け入れたり、所轄で手にある特留を預かるため、被留置

プラスワン体制
この体制だと、居室からの移動時、鉄製の居室扉を押さえる担当を置ける。居室扉は重いため、被留置者がうっかり指を挟みでもすれば、骨折して業務上過失傷害になる。プラスワン体制なら安全面でも配慮することが可能なのだ。

留置調整
留置場に入る被疑者は自署で捕まった者ばかりではない。共犯者などは口裏あわせ防止のため、同じ署の留置場には入れない。そんなとき「留置調整」で近隣署へ留置を依頼する。

業務の効率が優先
電気ヒゲ剃りは人数分用

者の数が多い。実際、このH分室では一般的な所轄の倍以上の被留置者を抱えていた。それゆえ、つねに効率が求められ、内規を守ることよりも業務の効率が優先*されているのだ。

ほかにも、被留置者の連行時には必ず2人以上の職員で対応しなくてはならないところを、1人で行なったりする内規違反が常態化していた。

「トラブルが起こっていないのなら、まあしょうがないか。郷に入っては郷に従えだしな」

内規違反は気になったが、そんなふうに言い聞かせ、自らを納得させた。

某月某日　**絶対的支配者**：反抗的な者は…

わが部のリーダー・今泉警部補は、H分室の実質的な支配者であった。そして、大ベテランの彼はあと数年で定年を迎える「無敵の人」だった。

新たな被留置者が来ると、留置場に入れる前に小部屋で書類などのチェックを

意されている。被留置者が朝使用したものは、係員が水洗いをして肌に触れる部分は熱湯消毒する決まりになっていた。だが、それをやる時間がない。そこで洗面器を2つ用意し、1つには水、もう1つには衣類用洗剤を溶かしておく。使い終わった電気ヒゲ剃りをまず洗剤液に浸して振動させ、その後、水ですすいで完了。衛生もクソもない状態になっていた。

行なう。たいていの被留置者はビクビクしているか、おとなしくしている。だが、なかには反抗的な人間もいる。

そういう人間を見ると、今泉のスイッチが入る。

「おまえ、こんなところに来て、調子に乗ってんじゃねえぞ」

まず、そんな具合に煽る。反抗的な人間であれば、「うるせーな」などと返してくる。

すると、今泉はそれを待ち構えていたかのように、「おまえ、保護室行きだからな」と告げて、保護室（いわゆるお仕置き部屋）へ連れて行く。今泉の論理だと、保護室の収容要件の1つである「留置担当官の制止に従わず、大声または騒音を発するとき」に該当するというわけだ。

着任して1週間ほどがすぎた日のことだった。例によって、今泉の挑発に口答えした被留置者がいた。今泉は不機嫌そうに、それでいてどこか嬉々として言った。

「おいっ、保護室に連行するから、石橋、ベルト手錠持ってきてくれ」

石橋巡査長は今泉の従順な子分だった。彼はすぐさま事務室に走り、ベルト手錠を持ってきた。私は驚いた。

ベルト手錠とは、左右の腕を通す穴があいたベルトで、両腕ごと腰に巻き付けて動けなくする拘束道具だ。私も試しにやられてみたことがあるが、これで締め付けられると抵抗ができないだけでなく、数分も耐えられないほど痛い。これを使うとヤクザ者でもたいてい音を上げておとなしくなる。以前のＴ署の留置では、よほどのことがないかぎり、このベルト手錠が使われることなどなかった。被留置者は暴れるでもなく、今泉に口ごたえしただけで、ベルト手錠を用いるような事態だとは思えない。

今泉は、石橋巡査長からベルト手錠を渡されると、被留置者に巻き付けて締めあげて、保護室に連行した。これは明らかに違法な保護室収容であり、特別公務員暴行陵虐《りょうぎゃく》罪*に該当するのではないか。私は、すがるような気持ちで馬場巡査部長を見た。彼は困ったような表情で目をそらした。

今泉がベルト手錠で被留置者を引っ張ると、石橋巡査長が横からフォローした。今泉によれば、これもベルト手錠の使用要件である「自身を傷つけ、または他人に危害を加えること」に該当するということなのだろう。

特別公務員暴行陵虐罪
裁判官、検察官、警察官、刑務官など一定の公職についている人が仕事をするにあたって、被疑者・被告人などに暴行等を加えた場合に問われる罪（刑法第195条）。最近では、沖縄でバイクに乗った少年を警察官が警棒で眼球破裂させた事件があり、最初は同罪で送検されたが、故意が認められず、最終的には「業務上過失傷害罪」で在宅起訴になった。

私と馬場巡査部長はぼんやりとその様子を眺めていた。制止しなければならないと思ったが、情けないことに私にはその勇気も覚悟もなかった。

「無敵の人」は留置場全体ににらみを利かせ、本来なら同格であるはずのほかの部の警部補たちも彼に意見することはできない、絶対的な存在だったのだ。

今泉が目をつけた者は徹底的にやりこめられる。

たとえば、新入り時に保護室に入った者は、検事に送致される時点で保護室での収容はいったん解除される。再び留置場に戻ってきて、もう一度保護室に収容する際にはまた要件が必要*になる。むやみに保護室を使わないための規制でもある。

ところが、今泉は「こいつはサイレント保護室だろ」などとうそぶき、戻ってきた被留置者をそのまま保護室に直行させた。石橋巡査長も喜色満面でその指示に従った。

ほかにも「次にベルト手錠を食らうのは、いったい誰かな～」と言いながら、居室前をベルト手錠を振り回して練り歩いた。

要件が必要
保護室に収容する要件は下記のとおり。
一、自身を傷つけるおそれがあるとき。
二、次のイからハまでのいずれかに該当する場合において、留置施設の規律及び秩序を維持するため特に必要があるとき。
（イ）留置担当官の制止に従わず、大声または騒

こうした今泉の所業のゆえ、当初、反抗的だった被留置者はことごとく牙を抜かれ、今泉に迎合するようになっていった。被留置者の生殺与奪の権利を握っているのだから当然だ。

なぜ今泉の無法行為が許される（というか、幹部もうすうす気づきながら見逃される）のかというと、彼の強権が留置場内の平穏を保つことにつながっているからだ。

ちょっとでも反抗的な態度をとれば、今泉に徹底的にいびられることを知っているから、被留置者はみなおとなしくなる。結果的に、留置場の治安は保たれ、幹部たちは今泉に一目置くことになる。

そして、今泉はほかの部の不手際*があると、それも遠慮なく指摘する。他部の警部補たちでさえ、今泉に目をつけられないようにビクついていた。

夜勤の際、夜中に新しく被留置者が入ってくる場合は、部の全員が起きて対応するのが原則だ。だが、今泉が寝ているあいだだけは彼を起こさず、それ以外のメンバーで対応するのが暗黙の了解だった。

勤務表上は全員で対応していることになり、寝ている今泉にも超過勤務が発生

音を発するとき。
（ロ）他人に危害を加えるおそれがあるとき。
（ハ）留置施設の設備、器具その他の物を損壊し、または汚損するおそれがあるとき。

ほかの部の不手際
たとえば書類の細かな記載ミスなども見逃さない。あるとき、ほかの部で扱った新入りに多少生意気な口を利く被留置者がいた。今泉はすぐに保護室に収容し、その部の警部補に「なんで最初から保護室に入れなかったんだよ」などと指摘していた。

し、残業代も支給される。今泉は朝起きてくると「なんだよ、俺もちゃんと起こせよ」と満面の笑みで〝注意〟した＊。

この当時、都内の警察署において、勤務中にスマホを見ていた留置係員がそれをネタに被留置者からゆすられ、数百万円を振り込んだ事案が明るみに出た。この事件を受け、どの署でも勤務中のスマホ使用を厳しく取り締まるようになっていた。だが、今泉はそんなことお構いなしに、勤務中にスマホを使用した。

部下を指導するはずの警部補が率先してスマホを見ているのだ。ほかの係員に影響が出ないわけがない。石橋巡査長や村上巡査長も平気で勤務中にスマホを操作した。赴任した当初、これらのことに違和感を抱いたが、私は何も言わず、唯々諾々《いいだくだく》と暗黙の了解に従った。

某月某日　烙印：「嫌なら辞めればいいんだよな」

2020年、新型コロナウイルス＊が世間を騒がせ始めた。H分室内でも、コ

〝注意〟した　一応、こうすることで、「部下が勝手にやったこと」だったが、それに対しても上司として必要な措置をとったということだろう。

新型コロナウイルス

ロナに罹患した場合は上長に報告するという決まりができた。

ある日、だるさを感じ、熱を測ると37℃を超えたため、ルールに従って、休暇を申請した。病院へ行って検査をしてもらったところ、陰性という診断がくだったものの、数日間の自宅待機を命じられた。待機期間を経て、職場に出勤したときのことだった。朝、私と顔を合わせるやいやな、

「どんだけたいへんだったと思ってるんだ。もう、次はねえぞ」

今泉はそう吐き捨てて立ち去った。

「部下から発熱者が出たということで上への報告が面倒だったらしいですよ」

子分・石橋巡査長が教えてくれた。

そのことをきっかけに今泉の態度が変化した。いつのまにか、あいさつをしても無視されるようになった。

日勤日、夜勤との交替が済んだあとのことだった。日勤員は、夜勤との交替が終わると、逆送バスが来るまで時間に余裕が出る。以前のT署では、この時間を利用して、翌日拘置所へ移送される被留置者の荷作り*を手伝っていた。


２０２０年４月に警視庁で初のコロナ感染者が発表され、多くの接触者が自宅待機となった。感染者はＡ級戦犯扱いされ、さぞ肩身が狭かったことだろう。

被留置者の荷造り
拘置所への移送の前に荷造りが行なわれる。被留置者の荷物をすべてまとめて本人の面前で確認し、「確認しました」という内容の署名をさせ、それから事務室で紙袋に小分けにして「所持金品目録」という書類にリスト化して書き出す。たいてい紙袋３～４個になるので作業はかなり面倒。

「荷造り、やりましょうか？」私が尋ねると、夜勤の担当者も「ああ、悪いっすね。助かります」と応じた。

あとでそのことを知った今泉は激怒した。

「おい、安沼。ここでは荷造りは全部、夜勤がやることになってんだ。いいカッコして日勤が余計な手出しするんじゃねえ！」

私はすぐさま頭を下げて謝った。

夜勤と交替が完了したら、日勤は業務にはタッチせず、鳴っている電話すら取らないのがH分室留置の慣例*なのだという。私は今泉から「余計なことばかりする使えないやつ」の烙印を押されることになった。今泉が目をつけた者は徹底的にやりこめられる。それは被留置者ばかりとは限らないのだ。

留置では職務の性質上、同僚とは丸一日、一緒にすごす。今泉に嫌われることは致命的だ。私はなんとか今泉に気に入られたいと思った。気に入られないまでも、ふつうの関係が築けないかと思い悩んだ。今泉が出勤してくると、席に着くのを見計らって、それまで以上に大きな声であいさつをした。

今泉は、馬場巡査部長や石橋、村上両巡査長には「おはよう」と返すが、私に

H分室留置の慣例
たとえば、捜査員が取り調べ中の被留置者を戻しに来た場合にも、夜勤者と交替したあとなら日勤員は知らんぷりだった。所轄で留置係がこんな対応をすれば、捜査員から大目玉を食らう。だが、H分室留置においては、所轄は「自署の被疑者を預かってもらっている」という側面があり、あまり強く言えないのだ。

はちらりと一瞥し、からかうような苦笑いを浮かべた。

馬場巡査部長がささやいた。

「安沼さん、たいへんですね。僕もここにやってきたとき、今泉さんに目をつけられて苦労したんですよ。今泉さん、前の職場でもパワハラで何人かうつになったって言うし。でも、彼だって、仕事でがんばれば、そのうちきっとわかってくれますよ」

馬場巡査部長も今泉のやり方に疑問を感じつつも、この場所で生きていくために従順であることを選択したのだろう。

今泉はよく「嫌なら辞めればいいいんだよな。いつまでも嫌な仕事をやっている必要はねえ。世の中に仕事なんかいくらだってあるんだし、代わりだっていくらでもいるんだから」と石橋巡査長に話した。それは明らかに私に対する言葉だった。

「嫌なら辞めろ」警察学校時代に奈良原から何度も言われた言葉だ。だが、あのときとは重みが違う。私はいつも今泉の影に怯えていた。

某月某日　**上司ガチャの悲劇**：日記シリーズとの出合い

新型コロナウイルスが猛威をふるうようになり、留置の仕事は激変した。H分室内の別フロアにコロナ罹患者専用の留置場が開設され、H分室からは私が派遣されることになった。今泉の支配から逃げられるだけでありがたかった。

警視庁本部から派遣されてきた鳥羽警部*の指示のもと、タイベックスーツという防護服の着脱訓練が行なわれた。着るときは肌や髪が露出しないように注意し、脱ぐときは外側に触れないようにしながら脱がなくてはならない。付着した菌を持ち込まないためだ。

「防護服の外側はウンコまみれになっていると思ってください。そのウンコを留置場の外に出してはいけません」

きちんと手順どおりにやらないと「ほらそこ、ウンコついたままだよ！」と鳥羽警部が怒鳴る。あまりにも口うるさいため、鳥羽警部は陰で「ウンコ警部*」と

鳥羽警部
鳥羽警部自身は自衛隊から着脱要領を教わったとのことだった。鳥羽警部はキャリアではなかったものの東大卒で、てきぱきとした指示の出し方などからも優秀さが伝わってきた。その後、警視庁を退職し、某大手ＩＴ企業に転職したと聞いた。

ウンコ警部
コロナ専用留置場に従事

揶揄《やゆ》されていた。それでも今泉にくらべればかわいいものだった。

数人ずつコロナ感染者が入ってきて、だんだんと忙しくなったかと思うと、都内某署の留置場でクラスターが連続発生し、わが留置場は一気に戦場と化した。一晩に10人以上の感染者が送り込まれてくることもあった。

新入り1人を受け入れるのに書類や荷物の確認や薬の整理などの手続きに小1時間を要する。それが一気に10人だ。同時に、コロナを理由に面会の制限がなされ、被留置者からの不満や苦情も増え、その対応にも追われる。朝9時から翌朝9時までの勤務で仮眠をとることさえできなくなった。それでも人間関係に思い悩まなくて済む分、精神的にはH分室の勤務よりずいぶん楽だった。

コロナが落ち着くと、ようやく夜勤で本を読む余裕が出てきた。

被留置者用の官本の中に『交通誘導員ヨレヨレ日記』があった。それをきっかけに三五館シンシャの日記シリーズを次々に読んだ。

定年まで警察に勤めて満額の退職金をもらい、その後は年金で悠々自適に暮らす――それまで考えていた固定観念にヒビが入った。仕事は無数にあるし、人生だって多種多様だ。嫌なところで自分を押し殺して生きるよりも、好きなよう

していた勤務員でコロナに感染した者はほとんどいなかった。ウンコ警部のウンコ指導の賜物であった。

に生きればいいんだ。私はそう考えるようになっていった。

今までもそうだったように、この組織にいるかぎり、これからも上司ガチャに振り回され続ける。もちろん地域警察にも、機動隊にも、留置係にも、刑事課にも、尊敬できる上司や信頼できる同僚がいた。だが、ひとたび上司ガチャに外れれば、たいへんだ。なぜなら、上意下達のこの組織では上司の言うことは絶対で、部下がＮＯということなど許されない。そして、私の次の異動先でどんな運命が待っているか、すべては上司ガチャ次第なのだ。

私は転職活動を始めた。大学を卒業して以降、警察官という仕事しか知らない自分にいったい何ができるのか。それを考えるところからのスタートだった。転職サイトに登録*して、さまざまな職種を探した。ハローワークのサイトで「法務技官」という仕事がヒットした。

仕事の内容は、刑事施設での事務だ。刑事施設というのは拘置所や刑務所のことで、警察の留置の延長線上にあるものだ。ここなら私の経験も活かせる。

久しぶりに書く履歴書と初めて書く職務経歴書。自分のスキルや経歴を棚卸ししながら、警察人生を振り返る。幸せだったのか、不幸せだったのか、その答え

転職サイトに登録
登録時、「現在の職種」という欄があった。選択肢を見ると、営業とか事務とかSEとか総務などしかない。自分の職種をなんと表現してよいのかわからず、手間どった。

はまだ出せていない。

某月某日　**退職**：「今だったらまだ引き返せるぞ」

ちょうどそのころ、コロナ容疑者がゼロになり、私は通常のH分室での留置業務に戻ることになった。

私を苦しめた今泉はほかの班に異動となっていた。新たに着任した和田警部補はよく言えば思慮深い、悪く言えば優柔不断で、人間関係のストレスは格段に減った。

法務技官のほうは面接まで進み、手ごたえを感じていた。もし合格したら、転職すべきなのか、迷った。

給料だけで見れば、警察は悪くない。年収は40歳で800万円を超え、コロナ留置場の勤務では危険手当がついたり、休憩時間がつぶれ超過勤務がついたため、900万円を超えた。3人の子育て*にもまだまだ費用がかかることを考えれば、

3人の子育て
わが家は、3人姉妹の子育て真っ最中だ。平日休みの日や夜勤明けの日には、できるだけ娘の幼稚園の迎えに行った。迎えに来ているのはほとんどママだったが、よく迎えに来るパパがいて、短髪で目つきが鋭く、その所作から同業者に違いないとにらんでいた。その後、青果市場で働いている人だと判明。私の観察力もたいしたことはない。

身分保障もあり、経済的にも安定している。

だが、夜勤で体を酷使するし、残業も厳しいうえ、盆暮れ正月も仕事だ。何より上司ガチャが外れれば、いつ地獄を見るかもわからない。一方、法務技官なら給料は下がるが、土日祝日が休みで残業もない。体力的にも比較的余裕があり、専門性を磨け、キャリアアップにもなる。

妻に相談すると、「あなたの人生なんだから、好きなようにやりなよ」と意思を尊重してくれたが、そうなるとますます迷う。私はどちらにも決心をつけられずにいた。

帰任したH分室には4交替制の現場勤務とは別に事務系の「毎日勤」という勤務形態がある。そのポストが空くと聞き、今の職場に残ったことを考えて、念のため希望を出した。妻からも子どもが小さいうちは運動会などの行事で土日休みのほうが都合がよいと言われていた。

私の「毎日勤」の希望を知った和田警部補が言った。

「夜勤が無理なんて言ってたら、警察務まんないよ。あんた、ナニ考えてんの？」

法務技官の合格通知が届いたときにはすでに私の決意は固まっていた。

和田警部補に退職を申し出る。

「ホントに辞めるのか」和田警部補にとっては想定外だったようで、驚いたようにそう言った。引き留めようとする意志を感じ、「もう転職先も決まっています」ときっぱりと告げると、和田警部補は押し黙った。転職先が決まっていると知り、説得をあきらめたようだった。

その翌日は休みだったが、和田警部補から呼び出された。「いろいろとやってもらわないといけないことがあるから来てくれ」

翌日、出庁すると、和田警部補は開口一番、言った。

「始末書を書いてもらえないか？　勝手に転職活動してただろう」

問い詰めるような言い方だった。警察では転職活動をするにも許可がいるらしい。＊A4用紙と記載例を渡され、和田警部補に見守られながら始末書を書く。

書き上げて手渡すと、「う～ん、字のバランスが悪いなあ。書き直してくれるか」と言って、何度か書き直しを命じられた。

転職活動をするにも許可がいる
たしかに警視庁の規定では、外部団体の試験を受けるには所属長の許可がいるとされていることをのちに知った。それならば、英検やTOEICを受けるのにも許可がいることになるのではないか。よく「形式庁」などと揶揄されるが、さもありなん、である。

私の退職に向けて、保険の解約や退職金の振込先の指定といった諸手続き*が進められていく。定年まで勤めれば約2000万円の退職金がもらえるらしい。そう聞くと、少しだけ惜しい気もした。

前の留置係のときの同僚からLINEが送られてきた。

《退職されると聞きました。本当ですか？》

退職については誰にも言っていないのに、どこから漏れたんだろう。

退職手続きのやりとりの折、和田警部補が言う。

「どうする。今だったらまだ引き返せるぞ」

少し前まであんなに迷っていたのがウソのように、引き返す気など欠片もなくなっていた。

そして、ついに最後の日を迎える。辞職の辞令をもらうため、警視庁本部へ向かう。何度も訪れたこの地に来るのも、もう今日で最後だ。

警察手帳の返納手続きを行なう。そして、辞令をもらう。辞令交付は課長室で行なわれ、留置管理第一課長と理事官が出席する。じつはこのとき、私は1通の

諸手続き　公務員から公務員への転職のため、退職金は支給されずに次の職場へ引き継がれることとなった。退職の翌日に新職場での勤務を開始するなど、一定の条件を満たすと、こうなるらしい。

手紙を用意していた。

今泉警部補による問題行動の告発と、同警部補の勤務地交代の要望を書面にしたためていたのだ。現場にいたときに勇気を出せなかった私のせめてもの抵抗だった。留置場の実情を知ってもらい、勤務地を交代させることで今泉警部補に反省を促したかった。

手紙を手渡すと、私の突然の行動に2人は驚いた様子だった。

その後、辞令交付が終わり、事務手続きのために応接室にいた私のところへ理事官がやってきた。

「さっきの手紙の件だけど、彼には口頭で注意する。それでいいよな？*」

こちらの機嫌をうかがうようにそう告げられた。カッと頭に血がのぼるような感覚になった。怒りというよりも失望だった。こんなことを言うくらいなら、黙って手紙を処分してくれたほうがマシだった。

この組織はいつまでも臭いモノにフタをし続けていく。

私は桜田門をあとにした。

それでいいよな？　せめて課長と2人揃って、「今まで苦しい思いをさせて申し訳なかった」くらいの言葉があれば、印象は違っただろう。もしくは「そういう告発があると俺の勤務評定に影響しちゃうから、ここは勘弁してくれ」とでも腹を割ってくれたほうが納得できたかもしれない。ただ丸く収めたいというだけの、すがりつくような言動に情けなくなった。

某月某日　再会：たった一人の恩師

警察を退職するにあたり、頭にはなぜか警察学校の恩師・奈良原が思い浮かんだ。

警視庁では異動する同僚に餞別をおくる文化がある。３０００円程度をご祝儀袋に入れ、「お世話になりました」といったメッセージを添えて送る。受け取った側は異動後、「このたび、××署へ異動となりました。前任ではたいへんお世話になりました。新天地でも心機一転精進しますので引き続きよろしくお願いします」といった内容が印刷された挨拶状に、「○係、○○交番に決まりました」などの手書きメッセージと１０００円程度の図書券やAmazonギフトカードなどをお返しとして同封する。署長訓受で「虚礼の廃止」を言われたりするものの、この慣習*は現場ではまだ根強く残っている。

私が調布署から異動するとき、同じ係の人以外に、交流のあった他係の人たち

この慣習　人によっては一切送らないし、受け取らないとい

から餞別をもらったのは嬉しかった*。だから、私もなるべく餞別をおくるようにしていた。だが、このときはごく一部の人にしか挨拶状を送らなかった。

退職の挨拶状を送った数日後、携帯電話に奈良原からの着信があった。まさかすぐに返信があるとは……。警察学校時代の緊張感がよみがえってくる。

恐る恐る、「はい、安沼です」と出ると、

「安沼、手紙読んだぞ」。

低くドスの利いたあのときそのままの奈良原の声だった。

「……はい、すみません」反射的にそう答えてしまう。

「別に謝ることじゃないだろう。おまえの新たな門出を祝って送別会をやらなきゃいかんな」

「いえ、私は警察を辞めるわけで、みんなに合わせる顔がありません」

「そんなのは関係ないだろ。おまえはやりたいのか、やりたくないのか、どっちなんだ？」

「やりたくありません」

「そうか……」奈良原は残念そうに言った。

う人もいる。中には、受け取ったのに挨拶状も何も返さない人もいた。人それぞれだ。

餞別をもらった　機動隊を退隊したときには中隊ほぼ全員から餞別をもらった。これには感激して、一人一人心を込めて御礼の挨拶状を丁寧に書いた。地域警察時代の浦口や神宮司からは餞別をもらっていない。

「じゃあ、俺とサシで飲むのは大丈夫か？」

あのころの奈良原からは想像もできない遠慮がちな声色だった。

「はい、お願いします」

かくして新宿で奈良原と私、たった2人の送別会が行なわれた。

初めて会ったとき、私が22歳で奈良原が30歳そこそこ。それから20年以上の歳月が流れた。当時、恐怖の対象でしかなかった奈良原も髪が薄くなり、顔の皺も深くなっていた。

「おう、久しぶり」

「ご無沙汰しております」

まるで喧嘩別れした父子の再会のように、ぎこちない会話が続く。

久しぶりの再会はあっという間にすぎた。私の新しい仕事や、警部補になった奈良原の現在の仕事について語り合ったが、奈良原は最後まで退職理由には触れなかった。それは奈良原なりのやさしさ*だったのだろう。

「また、飲もうな」

帰り際、そう言った奈良原の表情はやわらかかった。

奈良原なりのやさしさ
本書ができたら、誰よりも先に奈良原に送ろうと思う。読書家の奈良原はなんらかの形で本書の存在を知るだろう。その前に自分から伝えたい。私をさんざんしごいてくれた奈良原への意趣返し…ではなく、恩返しのつもりだ。本書を肴（さかな）にまた飲みましょう、奈良原助教！

あとがき――「パパの今の仕事って何?」

法務技官*に転職して3度目の冬を迎えた。

法務技官は、制服姿の刑務官に交じって私服での勤務だ。転職した当初、制服に対する憧れが出てくるのではないかと思っていたが、私服の気軽さにすぐ慣れた。警察時代は上司に「お疲れさまです」とあいさつしていたのが、ここでは「異常ありません」というあいさつに代わった。これにはまだなんとなく慣れない。

警察を辞めたことで、格安の官舎を出ざるをえなくなり、娘の小学校区の関係で都内の住宅街に転居することになった。年収は警察官時代より2割近く減り、逆に家賃は3倍になった。家賃負担ものしかかり、経済的にはキツくなったものの、夜勤もなく、土日祝日が休みで予定も立てやすく、警察時代につきものだった数年ごとの転勤もない。辞めて後悔はない。

それでも少しだけ警察官時代がなつかしくなることがある。

法務技官
法務技官には、受刑者に刑務作業を指導する作業専門官、出所後の就労支援を行なう就労支援専門官、少年院などで学習指導を行なう修学支援専門官、施設の保守点検を行なう営繕技官など、多様な職種がある。平たく言えば、受刑者などの被収容者を世話したり、刑務官のサポートをしたりする業務だ。

娘たちから「パパの今の仕事って何?」と聞かれ、どう説明すればいいか戸惑う。それまでは「警察官だよ」と言えば、すぐにわかってくれた。長女と次女は小学校で「パパはおまわりさんなんだよ」と言うと、クラスメイトから「すごいね」と言われるのが嬉しかったようだ。「警察の仕事ってカッコいいよね」と言い、父親の職業を誇りに思ってくれていたらしい。「パパはおまわりさん」が娘たちの自慢だったのだ。

先日、娘にこう聞かれた。「なんでおまわりさん辞めちゃったの?」

どう答えようか少し迷って、「ほかにやりたいことが見つかったんだ」と言うと、娘は不思議そうに私の顔をのぞき込んだ。

「おまわりさんはやりたいことじゃなかったの?」

「おまわりさんは大切な仕事*なんだよ」

言いながら、自分でも答えになっていないなと思った。

「そうだよね」娘はそう言って、嬉しそうに笑った。

2024年12月

安沼保夫

大切な仕事

警察の業務は多岐にわたり、私の経験したことはそのごく一部にすぎない。それでも一警察官の喜びや悲哀を感じていただけたら幸いだ。警察官だったころ、自分の仕事が世のため人のためになっているのかと考えたことがある。警察を辞めた今あらためて思うのは、すべての仕事が誰かの役に立っているということだ。

安沼保夫◉やすぬま・やすお
1981年、神奈川県生まれ。明治大学卒業後、夢や情熱もないまま、なんとなく警視庁に入庁。調布警察署の交番勤務を皮切りに、機動隊、留置係、組織犯罪対策係の刑事などとして勤務。20年に及ぶ警察官生活で実体験した、「警察小説」が描かない実情と悲哀を、身バレ覚悟で本書につづる。

警察官のこのこ日記

二〇二五年　二月　一日　初版発行
二〇二五年　三月一五日　四刷発行

著　者　安沼保夫
発行者　中野長武
発行所　株式会社三《さん》五《ご》館《かん》シンシャ
〒101-0052
東京都千代田区神田小川町2-8　進盛ビル5F
電話　03-6674-8710
http://www.sangokan.com/
発　売　フォレスト出版株式会社
〒162-0824
東京都新宿区揚場町2-18　白宝ビル7F
電話　03-5229-5750
https://www.forestpub.co.jp/
印刷・製本　中央精版印刷株式会社

ISBN978-4-86680-943-4
＊本書の内容に関するお問い合わせは発行元の三五館シンシャへお願いいたします。
定価はカバーに表示してあります。
乱丁・落丁本は小社負担にてお取り替えいたします。